イラストでサクッとわかる

日本一たのしい

税金の授業

税理士・中小企業診断士 **稲垣 啓**

日本実業出版社

はじめに

　買い物をしたときに支払う"消費税"、就職すると会社からもらう給与明細に記載される"所得税"や"住民税"、身内の大切な人が亡くなって相続するときの"相続税"、儲けのある会社に課せられる"法人税"、自分で応援したい自治体を選んで寄附して住民税の控除や所得税の還付が受けられる"ふるさと納税"──。このように、"税金"は私たちの日常生活やビジネスと密接に関係しています。

　税金の知識は、私たちにとって、とても大切な知識です。社会は税金がなければ成り立ちません。税金のしくみを知ることは、そのまま、私たちが暮らす社会を知ることになります。

　「でも、税金って、なんだか難しそうで……」

　こんなふうに税金に対しては、マイナスのイメージが大きいのではないでしょうか？

　確かに、税金のルールである税法は、他の法律に比べると、しくみが複雑にはなっていますが、何か難しい法理論を法学者が現場と離れた密室の中で悶々と考えるものではなく、私たちの生活（家計）やビジネスにダイレクトに影響を及ぼします。

　私は、平日は企業内で経理業務、週末は中小企業診断士・税理士として活動していますが、noteでよく税金ネタの記事を投稿しています。そうした記事では、多くの方々が持つ税金に対するマイナスのイメージを払拭したいと考え、私自身が描くイラストで図解することによって、とっつきやすくするとともに、"見るだけでサクッとわかる"ようにしています。

そうした税金ネタの記事が編集担当の方の目に留まり、書籍化の提案を
いただき、本書の出版が実現しました。

　話は変わりますが、"クイズ"には、どのようなイメージを持っていま
すか？

　「何か難しい」「プレッシャーが半端ない」といったイメージを持ってい
るかもしれません。他方で「たのしい」イメージもあるのではないでしょ
うか。

　クイズ＝たのしい、つまり「エンタメ的要素」を感じるのは、テレビな
どのメディアの影響もあるかもしれません。私の場合、子供の頃は『アメ
リカ横断ウルトラクイズ』（日本テレビ）という番組がありましたし、い
まも『東大王』（ＴＢＳテレビ）という人気のクイズ番組があります。ク
イズが我々の生活に浸透してきているのは、「エンタメ的要素」が大きい
のではないかと感じています。

　この点をヒントにして、「税金の話も"エンタメ化"できないか⁉」と
考え、本書の中でも、各章末に何かたのしくて為になる「税金クイズ」を
豊富に盛り込み、そのクイズをたのしんで解きながら、税金のしくみやル
ールの理解を深めることができるようになっています。

　それでは早速、イラスト図解を見ていきながら税金の知識をインプット
し、そのあとに税金クイズに挑戦して税金の理解を深めていきましょう。
きっと、税金に対する「難しそう」というマイナスイメージが「税金はお
もしろい」というプラスイメージに変わるはずです。

　2024年2月

税理士・中小企業診断士　稲垣　啓

4限目

いつまでも目を背けられないよ！
相続税＆贈与税のしくみをざっくり理解しよう

5限目

起業時や会社員の必須知識！
法人税等のしくみをざっくり理解しよう

●この本のねらい（特徴）

「法律の分野をやさしく！」をコンセプトに
下図の"B"をターゲットにしています。

イラスト：稲垣　啓
カバーデザイン：志岐デザイン事務所（萩原　睦）
本文ＤＴＰ：一企画

※本書の内容は基本的に2024年1月現在の法令や情勢などに基づいています。

1限目

そもそも税金って、何？

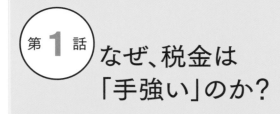

第 **1** 話 なぜ、税金は
「手強い」のか?

■**会社経理部門でも複雑怪奇な税金!?**

　私が経理部門で働いていて、よく思うこと。それは、"税金分野は社会人でも敬遠されがちである"ことです。

　確かに、税金を納めるのは、あまり良い気はしないですが、それ以上に複雑怪奇であることが、敬遠される理由ではないでしょうか?

　実際、経理部門で働いた方でも、実際の実務で使わない限り、税金を体系的に学んだ機会がある方は少ないと思いますし、多くの方は税金に馴染みがないとも感じています。むしろ、自営業を営んでいる方のほうが、税金に馴染みがあったりします。

　税金が複雑怪奇と感じる理由、それは**税目（税金の種類）の数が約50種類**と多く、しかも関係する法律も複雑に絡んでいるためです。税金の守備範囲は、とても広いのですね。

　しかも、1つの税目（例えば所得税法）を見ても、かなりのボリュームがあります。

　本書では、広くて深い税金の世界を、アプローチしやすくイラスト化していきます。

　巷の税金の教科書では、**国税と地方税の区分**、**直接税と間接税の区分**というように分類して、並列的かつ網羅的に税目を解説しています。受験予備校の場合は、特定の税目ごとに対策コースが設けられています。これが傍から見ると"税目のかたまり"に見え、税金を敬遠する心理的理由になっていたと考えています。約50種類もある税金を一気に攻略するのは、無理ですよね。

なぜ税金の学習は難しいの？

1つの税目でも大変… ➡ …が 約50税目 も！

ドーン！

所得

所得税法

かなりの
ボリューム…

どんどん
複雑化するよー

ガヤ… ガヤ…

消費 事業 法人

住民 所得 相続 酒

約50税目

ムリやわ…

➡Q1（P.32）に挑戦！

■攻略するには「税のかたまり」を分解!?

　そこで、「税のかたまり」を分解して、ポイントとなる「国税四法※」、すなわち所得税、相続税、法人税、消費税を中心に、本書では順を追ってじっくり解説していきます。　➡Q2（P.32）に挑戦！

　また、税法は法律ですから、「日本国憲法」も外せません。日本国憲法と税の関係については、本書の2限目の第6話（P.36）で詳しく解説します。

※国税四法は、厳密には所得税法、相続税法、法人税法、消費税法の4つの税法（法律）を意味しますが、本書では各税法が取り扱う税金である、所得税、相続税、法人税、消費税の4つの国税という意味で使用しています。

第2話 約50種類もある日本の税金
〜ライフイベントと税金、どこにどう納めるの？

■**身近な食卓から始める税金のお話**

　次ページの食卓の風景を見てください。本当に"税金だらけ"ですよね。前話でも説明したように、日本の主な税金は実に約50種類もあり、法律によって、いくつかの分類軸で分類されています。

> ・**国税と地方税**　：どこが集めるか（課税主体はどこか）？
> ・**直接税と間接税**：納税者と担税者が同じかどうか？

●**国税と地方税**

　第1の分類軸は、「**どこが集めるか？**」です。聞きなれない用語ですが、税を集める側を「**課税主体**」といいます。日本の課税主体は、国と地方公共団体です。

　国が集める税を「**国税**」といいます。政府が行なう活動の財源になる税で、次ページ上の図では、**所得税**をはじめ、**酒税、消費税、たばこ税**が該当します。国税に対し、地方公共団体が集める税を「**地方税**」といいます。都道府県や市町村など地方公共団体がすすめる活動の財源になる税で、同図では、**住民税**をはじめ、**消費税、たばこ税**が該当します。

●**直接税と間接税**

　第2の分類軸は、「**納税者と担税者が同じかどうか？**」です。納税者とは税金を納める人のことで、担税者とは実際に税金を負担する人のことです。

　この納税者と担税者が同じ税を「**直接税**」といい、次ページ上の図では、**所得税**と**住民税**が該当します。他方、納税者と担税者が異なる税を「**間接税**」といい、**酒税、消費税、たばこ税**が該当します。

➡ Q 3（P.32）に挑戦！

■お家から出ても税金だらけ⁉

　では、外に目を向けましょう。外も税金だらけです。

　第1の分類軸では、「**どこが集めるか？**」で区分します。下図では、「**国税**」は**法人税**と**相続税**が該当し、「**地方税**」は**自動車税**と**固定資産税**、**事業税**が該当します。

　第2の分類軸では、「**納税者と担税者が同じかどうか？**」で区分します。下図では、**法人税、事業税、相続税、自動車税、**そして**固定資産税**のすべてが「**直接税**」に該当します。

➡ Q 4（P.32）に挑戦！

■税金とライフステージを"ざっくり"解説

　今度は「税金とライフステージ（人生）」について見ていきましょう。まず「**国税**」。皆さんお馴染みの「消費税」は、国にとってありがた〜い財源ですが、お年寄りから子供まで、貧富の差も関係なく負担する税金です。

　そして、**税収の中で大きな割合を占める「所得税」**。会社に勤めて給料をもらったり、銀行にお金を預けて利子を受け取ったりしたときにかかる税金です。また、会社を起業すると「法人税」もかかります。最後に、人が亡くなると、その人の財産が家族や近親者に引き継がれ、その財産に課税されるのが「相続税」です。

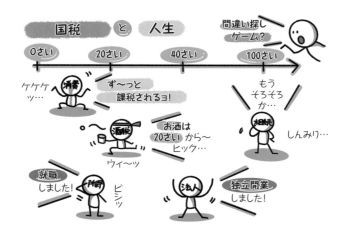

　次に、「**地方税**」。ん？　ここでも「消費税」が登場していますよね。ざっくり説明しますと、先ほどの国税の「所得税」とセットで「**住民税**」が、「**法人税**」とセットで「**事業税**」が登場してきます。

　そして、18歳になると、「選挙」に参加できます。そう、選挙は民主主義を支える根幹で、街頭で「値上げだ〜、増税祭りだ〜、わっしょい！」と騒ぐテレビ内の政治家に対してもチェックしなければいけないわけですよね。

　あと、自動車の免許を取得できるのも18歳。自動車を購入すると「**自動車取得税**」がかかりますし、自動車を所有し続けると毎年「**自動車税**」を

納めなければなりません。あと、燃料のガソリンにも「揮発油税(きはつゆ)」という税金がかかります。自動車産業も税金だらけ……。自動車産業の声を代表する政治家の皆さんにも活躍を期待したいところです。

　私たちが住む家や駐車場などにかけられる税が「固定資産税」です。税額は、地方自治体が定めた価値を基準に決定。土地や家屋の価値を決める調査は3年ごとに行なわれますが、税のしくみが複雑なのに加えて、一度にたくさんの土地を調べるため、とてもミスが多いとも聞いたことがあります。

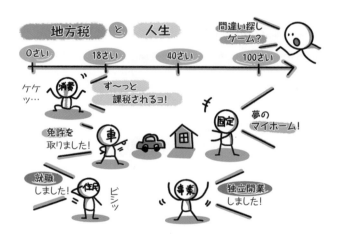

　上図の「地方税」と、前で説明した「国税」を比較しても、「消費税」の存在感は「ハンパない」ですよね。6限目で「消費税」をじっくり解説していきたいのですが、皆さんは「たばこ税」「酒税」の存在も気になるのでは……？　まずは、「たばこ税」と「酒税」を解説しておきます。

➡Q5（P.32）に挑戦！

■たばこ税と酒税の「へぇ～っ！」

　まず、「たばこ税」ですが、たばこは、もともと国だけが販売できる専売品でしたが、1949年に日本専売公社に引き継がれ、「たばこ消費税」が導入されました。その40年後の1989年に消費税が導入された際、現在の名

称に変更されました。実は、1本のたばこに、国たばこ税、地方たばこ税、たばこ特別税、消費税という4つの税がかけられています。

　「他の先進国と比べると、日本のたばこの値段は安く税率も低い」という話を聞いたことがあるかもしれませんが、たばこ税を高くしようという動きは世界の潮流になっているといわれています。

　次に、「酒税」についても、少し触れておきます。ビールや日本酒、ワインなどにかけられる税金です。原料や製造方法によって税率は変わり、高級なお酒には高く、一般によく飲まれるお酒には安く、という考えが適用されています。

　しかし、発泡酒などの登場で、この考えも時代に合わなくなり、「将来は発泡酒もビールも同じ税率に統一される」動きも見られます。

酒税の歴史は
2限目（P.51）を
参照してください

第 3 話 給与明細からシレっと 差し引かれる税金と社会保険

■税金と社会保険を「見て見ぬふり」していませんか!?

「源泉徴収票」って、ありますよね。サラリーマン（会社員）の皆さんが毎年もらっているにもかかわらず、中身の数字の意味がよくわからず、でも大切そうなので捨てるに捨てられず……の紙です。

そこには、「税金と社会保険」の重要な情報がたくさん詰まっているのです。税金について詳しくは、3限目の所得税（P.74）で解説します。

給与明細をもらったとき、手取り額が一番気になりますが、シレっと差し引かれている税金と社会保険。この金額もバカにならないほど大きいです。税金については、第2話（P.18）で"ざっくり"説明しましたので、ここでは社会保険に着目していきましょう。

■そもそも「社会保険」って、何？

ひと口に「社会保険（公的保険）」といっても、その中には健康保険であったり、介護保険・雇用保険・労災保険であったり、さらには年金保険であったりと、いろいろな種類が含まれています。

この「健康保険」、正確には、健康保険と国民健康保険の2つに大別されます。基本的には、サラリーマンなどが「健康保険」に加入し、あとはこれに加入する資格を持たないフリーランスや自営業者が「国民健康保険」に加入することになります。

年金のほうは、この健康保険とほぼワンセットになっています。健康保険に加入しているサラリーマンは「厚生年金」に入り、国民健康保険に加入しているフリーランス等は「国民年金」に入ることになります。ちなみに、フリーランスなりたての方は、例外的に「任意継続」を使うことで、サラリーマン時代と同様の健康保険に継続加入できる制度もあります。

健康　保険　法　厚生　年金保険　法

サラリーマン

国民　健康　保険　法　国民　年金　法

フリーランス

根拠　となる　法律　も違ってきます（社会保険）

➡Ｑ６（P.33）に挑戦！

■あと「年金制度」も気になるよね……

　わが国の公的年金制度は、国民年金を基礎年金とした「2階建て構造」の公的年金制度となっています。1階は20歳以上60歳未満のすべての人が加入する「国民年金」、2階はサラリーマン等が加入する「厚生年金保険」となっています。

　さらに、国民年金の場合には、2階部分で「国民年金基金」を追加する選択肢もあります。iDeCo（イデコ）も同様に、任意加入の上乗せ年金制度です。つまり、国民年金に追い金を払い、保障を厚くする制度です。

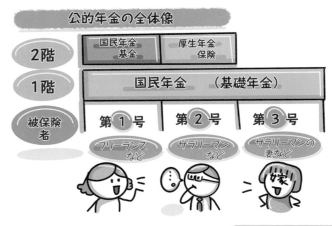

公的年金の全体像

2階	国民年金基金	厚生年金保険	
1階	国民年金　　（基礎年金）		
被保険者	第1号	第2号	第3号
	フリーランスなど	サラリーマンなど	サラリーマンの妻など

➡Ｑ７（P.33）に挑戦！

■年金の未払い問題

　年金の未払いが問題になっていますよね。「あれに入るくらいだったら、自分で手当てする……」とかいって、民間の年金保険に加入したりする人もいます。

　国が保障してくれる年金保険が良いのか、それとも民間の年金保険が良いのか、いろいろ意見が分かれるところだと思います。しかし、サラリーマンの「税金面（所得税）でいえば、保険料が『**社会保険料控除**』として全額控除される国の年金保険のほうが絶対にお得」です。

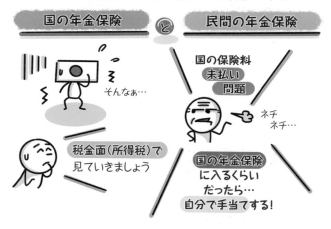

■ぼったくり保険には要注意！

　民間の年金保険による節税効果って、どうなのでしょうか。「**生命保険料控除**」は最大12万円しか控除することができず（所得税法第76条：本書では「凡例紹介（P.58）」に基づき所法76と表記）、生命保険に入る節税効果なんて、ほんの数万円、税金が変わるかどうかのレベルです。

　したがって、節税効果は低く、税金面で数万円得するために、「ぼったくり保険」（私見です）に入る必要はないということです。

　こちらも詳しくは、3限目（P.78）で、じっくり解説します。

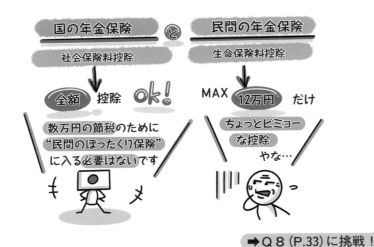

国の年金保険 と 民間の年金保険

社会保険料控除　　　　　生命保険料控除

全額 控除 OK!　　　MAX 12万円 だけ

数万円の節税のために
"民間のぼったくり保険"
に入る必要はないです

ちょっとビミョー
な控除
やな…

➡ Q8（P.33）に挑戦！

社会保険料控除や
生命保険料控除は
3限目の所得税の中で
説明（P.78）します
お楽しみに！

第4話 税金は稼げば稼ぐほど高くなる？ ～税法の「公平」という考え方

■小学校での「租税教室」をバージョンアップ!?

　税理士会が小学生や中学生などを対象に開催している「租税教室」では、税金ゲームを通じて、公平の考え方について体験してもらう授業が行なわれています。

　なお、下図の謎のヒーロー "税キング" は、日本税理士連合会のホームページに掲載されている『まんがでわかる！　税って何かな？』（画：千種利広）のイラストを参考に描いています。

　本話では、「公平な課税」という考えを、さらに "どんなものに課税（What）する？" と、"どのように課税（How）する？" に分解して説明します。

■どんなものに課税（What）するか？

　まず、"どんなものに課税（What）する？"について説明します。

　実際には、課税は、①所得課税、②消費課税、③資産課税の3パターンに分類されます。

　そして、第1話で説明した「国税四法」（P.17参照）を当てはめると、下図のとおりです。

■どのように課税（How）するか？

　次に、"どのように課税（How）する？"について説明します。

　課税の方法としては、税の支払い能力に応じて税負担する"応能原則"という考え方と、行政サービスなど、受益に応じて税負担する"応益原則"という考え方の2通りがあります。

　前者は累進税率、後者は比例税率を使って税額を算出します。

　これを整理すると、次ページの図のとおりです。

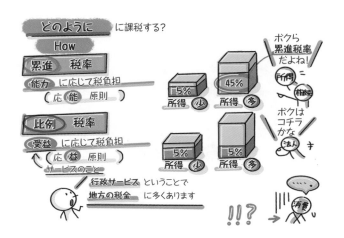

ん!?　右下部分で「消費税」が塞ぎ込んでいますね……。

これは、2限目の第8話「世紀の悪税」(P.44)の伏線になります。

➡ Q10(P.33)に挑戦！

第**5**話 知らないとヤバい
４つの国税と地方税

■税制改正大綱の主役も４つの国税
　〜所得税、相続税、法人税、消費税を知らないとヤバい理由〜

　４つの国税、すなわち所得税、相続税、法人税、消費税（以下、「国税四法」という）を知らないと "ヤバい" 理由。それは、日本の基幹税であり、納税者である皆さんが納付する「主な税金」だからです。

　しかも、これらの税金を納めるルールである各税法も、他の法律と比較して、とても早いスピードで改正されます。知らないまま放置して、その間にどんどん改正され……しかも納税しているのって "ヤバい" ですよね。

　ちなみに毎年、12月中旬頃に税制改正大綱が政府与党から公表され、国税四法を中心に改正が予定されます。

➡Q11（P.34）に挑戦！

■地方税も忘れてはいけない！

　税金は約50種類の税目があり、国税四法だけではありません。地方税も忘れてはいけませんよね。ここでは、特に「国税四法と関係が深い税目」を紹介しておきます。第2話（P.20など）も併せて参照してください。

・個人住民税　　　　　→　所得税と関係が深い
・法人住民税と事業税　→　法人税と関係が深い

■「所得税」と関係が深い「個人住民税」

　詳細は第15話の「ふるさと納税」の計算のところ（P.83）でもじっくり解説しますが、税金を理解するうえでネックになるのが個人住民税の規定です。所得税の知識だけでは不十分になります。

■「法人税」と関係が深い「法人住民税と事業税」

　詳細は第26話の「法人税等の実効税率」のところ（P.129）でもじっくり解説しますが、「法人住民税と事業税」は会社の経理実務上も重大なインパクトがあります。

■「地方税の使い道」にもルールがある

　詳細は第10話（P.55）でも触れますが、税の使い方のことを「予算」といいます。税は国で使われるものと、皆さんの住まれる地方自治体で使われるものがありますが、後者は主に地方税を財源とします。

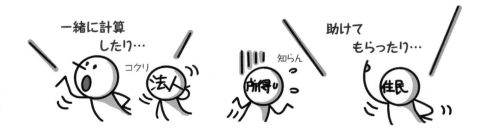

【Q1】　日本には何種類の税目があるでしょう
　　　か？　→**ヒントはP.16、答えはP.178**
　　　A：約10種類
　　　B：約20種類
　　　C：約30種類
　　　D：約50種類

【Q2】　日本には約50種類の税目がありますが、「国税四法」でない税目は次のうち、
　　　どれでしょうか？　→**ヒントはP.17、答えはP.178**
　　　A：所得税
　　　B：相続税
　　　C：自動車税
　　　D：法人税

【Q3】　「納税者と担税者が同じかどうか？」という視点で、税金は区分することが
　　　できます。納税者とは税金を納める人のことで、担税者とは実際に税金を負担する
　　　人のことです。この納税者と担税者が同じ税を「直接税」といいますが、次のうち、
　　　どれでしょうか？　→**ヒントはP.18、答えはP.178**
　　　A：所得税・住民税
　　　B：たばこ税
　　　C：消費税
　　　D：酒税

【Q4】　聞きなれない用語ですが、税を集める側を「課税主体」といいます。日本の
　　　課税主体は国と地方公共団体です。そして、国が集める税を「国税」といいますが、
　　　次のうち、どれでしょうか？　→**ヒントはP.19、答えはP.178**
　　　A：自動車税
　　　B：相続税
　　　C：固定資産税
　　　D：事業税

【Q5】　ライフステージ（人生）ごとに、様々な税金が課税されます。国税と地方税
　　　の両方に課税されるのは、次のうち、どれでしょうか？
　　　→**ヒントはP.21、答えはP.178**
　　　A：所得税
　　　B：消費税
　　　C：酒税
　　　D：事業税

【Q6】 社会保険にはサラリーマン（会社員）とフリーランスのいずれも加入します
　　が、種類は様々です。次のうち、根拠となる法律と加入者の「誤った組合せ」は、
　　どれでしょうか？　→ヒントはP.23、答えはP.178
　　　A：健康保険法—サラリーマン
　　　B：国民健康保険法—フリーランス
　　　C：厚生年金保険法—フリーランス
　　　D：国民年金法—フリーランス

【Q7】 わが国の公的年金制度の被保険者は、第1号〜第3号に分類されています。
　　そのうち、「第3号」に該当するのは、次のうち、誰でしょうか？
　　→ヒントはP.24、答えはP.178
　　　A：フリーランス・自営業者
　　　B：サラリーマン
　　　C：公務員
　　　D：サラリーマンの配偶者

【Q8】 年金保険は「国」と「民間」の2種類あり、一定の節税効果も期待できます。
　　「国」の年金保険で受けることができる「所得控除」の種類は、次のうち、どれで
　　しょうか？　→ヒントはP.26、答えはP.178
　　　A：社会保険料控除
　　　B：生命保険料控除
　　　C：障害者控除
　　　D：扶養控除

【Q9】 "どんなものに課税（What）するか"という観点でいえば、日本の税金は①
　　所得課税、②消費課税、③資産課税の3つの課税パターンに分類されます。次の各
　　税目と課税パターンの組合せのうち、「誤った組合せ」はどれでしょうか？
　　→ヒントはP.28、答えはP.178
　　　A：所得税—所得課税
　　　B：相続税—資産課税
　　　C：法人税—資産課税
　　　D：消費税—消費課税

【Q10】 日本の税金を"どのように課税（How）するか"という観点でいえば、日本
　　の税金は「応能原則」という考え方と、「応益原則」という考え方の2通りがあり
　　ます。次の各税目と考え方の組合せのうち、「誤った組合せ」はどれでしょうか？
　　→ヒントはP.29、答えはP.178
　　　A：所得税—応能原則
　　　B：相続税—応益原則
　　　C：法人税—応益原則
　　　D：住民税—応益原則

【Q11】 毎年、税制改正大綱が政府与党から公表され、今後の税制の動向を知ること
ができます。税制改正大綱は毎年、いつ頃公表されるでしょうか？
→ヒントはP.30、答えはP.178

A：毎年 6 月中旬頃
B：毎年 9 月中旬頃
C：毎年12月中旬頃
D：毎年 3 月中旬頃

まったく答えられないクイズは
ヒントのページを読み直すと
答えが見つかると思います

クイズに繰り返し挑戦すると
理解が深まりますよ!

2限目

まずは社会科の復習！
日本国憲法から
税法のしくみを知ろう

第6話 日本国憲法と税金はリンクしている！

■税金の世界でも「日本国憲法」は超重要

本話のテーマは日本国憲法（以下、憲法）。「国税四法」と呼ばれる4つの税法、具体的には所得税法、相続税法、法人税法、消費税法の上位にくる、すなわち優先される**最高法規**です。

「国税四法」は、1限目（P.17、P.30）でざっくり説明しましたが、下の図を見てみると、おやおや、最高法規である憲法を差し置いて、先に「国税四法」が解説されたことに、「憲法」は不満を持っているようですね。

本書で学習していく税法も法律の1つなので、法の解釈も重要です。よって、「**国の最高法規**」である憲法は絶対に無視できません。尊重されるべきものなのです。

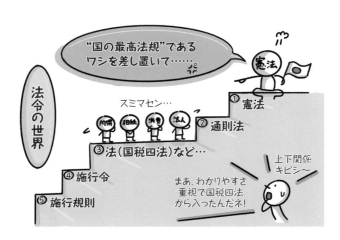

ちなみに法令の世界では、①憲法、②国税通則法（法の適用に関する通則法）、③法、④施行令、⑤施行規則と階段状になっています。このあたりのことは第7話（P.40）で詳しく説明します。ここでは、日本国憲法と税金の関係を解説していきます。　➡Q12（P.60）に挑戦！

■憲法の税の考え方

　憲法では税に関して、「租税法律主義」という考え方を定めています。租税法律主義の根拠条文は30条と84条。とても大切なので、条文を見てみましょう。

> 30条：国民は法律の定めるところにより、納税の義務を負ふ。
> 84条：あらたに租税を課し、又は現行の租税を変更するには、法律又は法律の定める条件によることを必要とする。

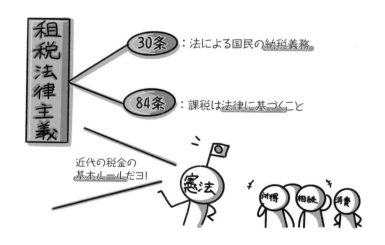

　租税法律主義の根拠条文の30条と84条を見るだけでは、憲法と税金の関係を理解することはできません。両者の関係を理解するには、まず、憲法の考えを理解する必要があります。　➡Q13（P.60）に挑戦！

■憲法のうち、税金に関係しそうな "あれこれ"

　憲法のうち、先ほどの30条と84条以外で、**税金に関係しそうな条文**は以下のとおりです。

13条：すべて国民は、個人として尊重される。生命、自由及び幸福追求に対する国民の権利については、公共の福祉に反しない限り、立法その他の国政の上で、最大の尊重を必要とする。

14条：すべて国民は、法の下に平等であって、人種、信条、性別、社会的身分又は門地により、政治的、経済的又は社会的関係において、差別されない。

25条：すべて国民は、健康で文化的な最低限度の生活を営む権利を有する。

29条：財産権は、これを侵してはならない。

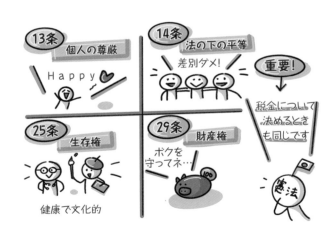

憲法が 税金のルールの
"おおもと"です!

　これら条文は、税について決めるときにも遵守しなければいけない考えです。各税法の規定では、計算テクニック等、複雑な規定がたくさんあります。でも、税法のおおもとの考えは、憲法に帰結するということです。

➡Q14、Q15（P.60）に挑戦！

なぜ憲法だけ"さん"付け？
エライから

第 **7** 話 序列が厳しい！ 国税通則法を親玉とする税法の体系

■「税法の体系」を押さえておこう

　本話のテーマは「税法の体系」です。下図に示したように、税法の体系では、税法の親玉である「国税通則法」を頂点に、所得税法、法人税法……と各税法がぶら下がっており、さらに各税法の下に施行令、施行規則とぶら下がる形になります。

　例えば、所得税法にぶら下がる施行令なら「所得税法施行令」、さらに施行規則なら「所得税法施行規則」と呼ばれます。

国税通則法	：国税に共通する**一般的な事項**を規定
例）所得税法	：所得税の計算・手続き等について**基本的事項**を規定
租税特別措置法	：社会政策的・経済政策的な見地から**特例**を規定
施行令	：具体的な**計算事項等**を規定
施行規則	：**細かい手続き**を規定

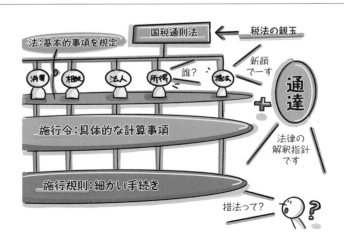

あと実務上、存在感を示しているのが、同図の右側にある「通達」です。通達は、法律の解釈が異なった場合の**統一解釈としての位置**づけになりますが、気をつけていただきたいのは、**法令ではない**点です。法令の弾力的な運用のために、通達は発行されますが、すべてを通達で片づけるのではく、適時、法律の考えに立ち返ることが重要だということです。

　ん？　同図では、"所得"が隣の"措法"に「あんた誰？」的な反応を示していますよね。これについて補足します。

　「租税特別措置法」とは、社会政策や経済政策の見地から、特例を規定している法律です。略して「**措法（そほう）**」と呼んでいます。この措法も、所得税法、法人税法など、他の税法と並んで、国税通則法からぶら下がっている税法なのです。　　　　　　　➡Q16、Q17（P.60）に挑戦！

■税法の世界の序列

　所得税法、相続税法、法人税法、消費税法の国税四法は、"恒久立法"といわれ、法律の有効期間が永久的に続く性質のものになります。他方、措法の場合は、"時限立法"ということで、法律の有効期限が規定されています。

　税法に限らず、他の法律でも同様ですが、「**特別法優先の原則**」といわれるルールがあり、措法に規定のある期間（下図のA〜Bの期間）は措法が優先適用されます。

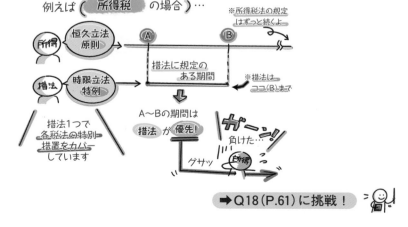

例えば（ 所得税 の場合）…

※所得税法の規定はずっと続くよ

所得 → 恒久立法 原則 → Ⓐ　Ⓑ

措法 → 時限立法 特例 →
措法に規定のある期間
※措法はココ（B）まで

A〜Bの期間は 措法 が 優先！

措法1つで各税法の特別措置をカバーしています

ガーン!!

負けた…

グサッ

➡Q18（P.61）に挑戦！

第8話 へぇーっ！「世紀の悪税」と呼ばれる税金があった？

■イギリスの「鉄の女」がかけた人頭税

今日の民主主義社会での税金は、国民が皆、"公平"だと納得して納めるものだと考えられています。しかし歴史上、「世紀の悪税」と呼ばれる税金がありました。

舞台は、イギリス。「鉄の女」と呼ばれた**マーガレット・サッチャー首相**（1925年〜2013年。在任は1979年〜1990年）によって、1990年に「**人頭税**」が導入されました。

人頭税とは、住民一人ひとりに頭割りで税をかけるというものです。

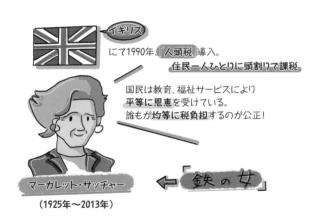

人頭税の考え方によると、国民は、国や地方自治体が行なう教育や保健、福祉サービスによって、皆「平等」に恩恵を受けているので、誰もが均等に税を負担するのが「公平」である、ととらえています。

この考え方の下、人頭税が導入され、18歳以上の住民に対して一律に税金がかけられました。

しかし、あまりに庶民の生活からかけ離れた税金だったため、多くのイギリス国民から「弱者切り捨てだぁ～！」と反感を買いました。サッチャー首相は人頭税導入後、間もなく退陣に追い込まれ、人頭税も1993年に廃止されました。

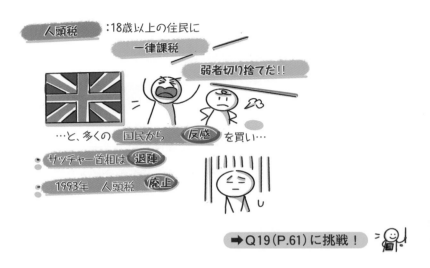

➡Q19（P.61）に挑戦！

■日本にもあった人頭税

　実は、わが国日本でも、人頭税が存在しました。舞台は、沖縄県八重山諸島。家族が増えると税金も増えるので、税逃れのため妊婦を殺す……という悲惨な事件が発生しました。しかも、日本の人頭税は、明治時代の1903年まで続いていた税制なんです。

➡Q20（P.61）に挑戦！

■改めて消費税の「公平性」を考えてみよう！

　ところで、消費税は「公平」なんでしょうか？

　1限目第4話の "どのように課税する？" の図（P.29）の右下で、「消費税」が塞ぎ込んでいましたが、その点について説明しましょう

　日本の場合、食料品にも消費税がかかりますが、収入が高い人も低い人も、食費はあまり変わらないという見方があります。そうだとすると、貧しい人も、お金持ちとあまり変わらない消費税を負担することになります。

　この見方によれば、"給料の高い人には高い税を、低い人には低い税を" という「公平」の考え方が通用しません。この点については、様々な立場で、様々な意見があるところなので、本書での説明は割愛します。

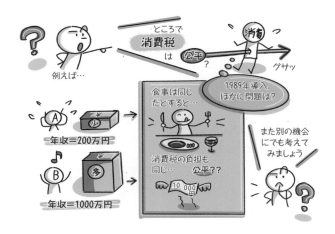

　歴史の過ちを繰り返さないために、我々は歴史を勉強します。次の第9話で、税金の歴史を見ていきましょう。　➡Q21（P.61）に挑戦！

第9話 まるごと解説！ 日本の歴史と税のお話

■日本の税の始まりは邪馬台国

　日本では、邪馬台国の時代（弥生時代）から税（通貨ではなかったので、ここでは「税金」ではなく「税」としています）が始まったといわれています。この第9話では、税の視点で日本の歴史を見ていきます。

　税から見た日本史は、①飛鳥時代、②奈良・平安・鎌倉・室町時代、③安土・桃山・江戸時代、そして④明治以降の4つの時代に分けられるので、それらの4つに分けて、日本史を一気に（まるごと）振り返ります。

　税のしくみは、歴史の転換期に大きく関わってきます。その時々の支配者や政権が、どれだけ税を効率的に集められるかによって、権力を守れるかどうかが決まったともいわれています。税と権力は、切っても切り離せない関係なんですね。

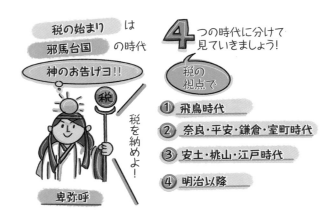

➡Q22（P.61）に挑戦！

■日本の税のしくみが確立した飛鳥時代

　日本で本格的な税のしくみが確立されたのは、飛鳥時代。701年、**大宝律令**の制定によって、国の役所のしくみが整えられ、都に税が集められるようになりました。この時代は、土地も人民もすべて国家のもの、つまり天皇のものであるという、「公地公民」の考えが採られていました。

　律令制度のもと、満６歳以上の男女に**口分田**（く ぶんでん）という土地が与えられ、「**租庸調**」（そ ようちょう）という税が課せられたのです。口分田は一代限りで、持ち主が亡くなると国に返す決まりになっていました。これを「**班田収授の法**」（はんでんしゅうじゅ ほう）といいます。

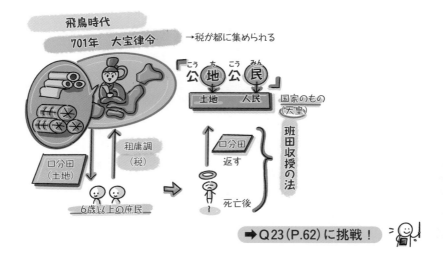

→ Q23（P.62）に挑戦！

■租庸調は負担が重い……公地公民の限界が来た！

　租庸調について詳しく説明しておきましょう。現在の消費税率と比べると、**３％**という**租の税率**は軽いように思えるかもしれません。しかし、庸・調は自分たちで都まで運ばなくてはならず、地方に住む人々にとって重い負担でした。加えて、**労役**という土木工事などの労働や、兵役も課せられました。

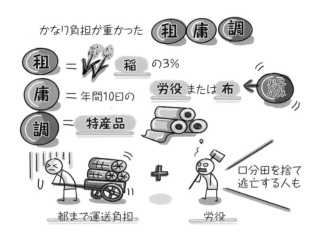

かなり負担が重かった　租　庸　調

租　＝　稲　の3%

庸　＝　年間10日の　労役　または　布　←　男子のみ

調　＝　特産品

都まで運送負担　＋　労役　　口分田を捨て逃亡する人も

　せっかく**口分田**という土地が与えられたのにもかかわらず、重い税負担に耐えられず、他の土地に逃亡する農民も相次ぎました。田んぼは荒れ果てるばかりで、税も効率的には集まりません。

➡Q24（P.62）に挑戦！

■公地公民からの大きな転換！　墾田永年私財法

　困った大和朝廷は743年、「墾田永年私財法」という法令を出し、自分たちで新たに開墾した土地であれば、開墾した人が永久に所有できるように改めました。これまでの公地公民からの大きな転換です。これによって自作農は増えたのでしょうか？

　ところが、新たに開墾しようとした農民はわずか。開墾できたのは財力のある**貴族**や**寺社**だったのです。こうして開墾された土地は、平安時代には「**荘園**」と呼ばれるようになります。農民は、貴族や寺社などの荘園を所有する領主に、**夫役**や**年貢**という形で税を納めました。

　平安時代後期になると、武士が台頭します。鎌倉時代以降は武士の時代が続きます。室町時代後半になると、農民が武装蜂起し、高利貸しの業者や寺社を襲う**土一揆**が広がりました。

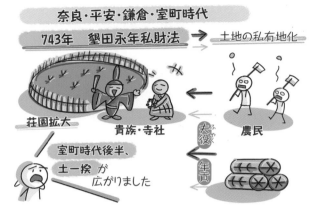

奈良・平安・鎌倉・室町時代

743年　墾田永年私財法 → 土地の私有地化

荘園拡大　　貴族・寺社　　　　　農民

大役

年貢

室町時代後半、
土一揆 が
　広がりました

➡Q25（P.62）に挑戦！

■土地支配の大きな転換！「太閤検地」

　戦国時代の後半、豊臣秀吉（1537年〜1598年）は支配地域の田畑を調べ、**検地帳**に田畑の持ち主の名前と予想される生産量（＝**石高**）を記録させ、百姓から確実に税を徴収しました。

　これを「太閤検地（たいこうけんち）」といい、奈良時代以降続いてきた荘園制度は完全になくなりました。さらに江戸時代になると、「**五人組**」という相互監視制度ができました。ところが、江戸時代半ばから米の収穫量が増えすぎて、米の値段が下落。年貢米による収入がどんどん下がっていき、明治時代になると、根本から税のしくみを見直すことになります。

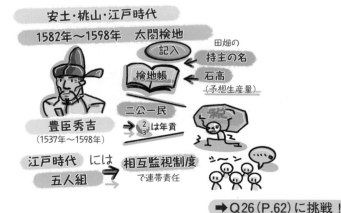

安土・桃山・江戸時代

1582年〜1598年　太閤検地

記入

検地帳

田畑の
持主の名

石高
（予想生産量）

豊臣秀吉
（1537年〜1598年）

二公一民
→ 2/3 は年貢

税

江戸時代 には 相互監視制度
五人組 → で連帯責任

➡Q26（P.62）に挑戦！

■明治時代～昭和時代。今日の税制度の基盤ができるまで

明治政府は、様々な近代化政策を進めました。最大の目玉が税制改革です。

大正時代から昭和初期にかけては、戦費調達のため、増税が続きました。一方で、いまある税のしくみができ始めたのも、この頃です。1940年に「源泉徴収制度」が採用されました。そして戦後、1950年には「シャウプ勧告」に基づき税制改革が行なわれました。この勧告の考え方は、今日においても税制度の基盤であるといわれています。

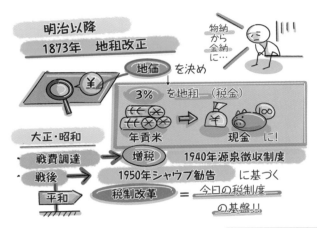

➡ Q27（P.62）に挑戦！

■「不平等条約解消」のために法整備が急務だった明治時代

時代背景は、日本が「治外法権」と「関税自主権」で不平等な内容の条約が結ばれていた時代まで遡ります。福沢諭吉（1835年～1901年）は、1872年に『学問のすゝめ』を執筆し、その中で「いまの日本が外国に及ばないところ」について次の3つを挙げています。

①学術
②商売（経済）
③法律

特に、「③法律」。当時の日本では、不平等条約を解消するため、憲法を
つくり、民法などの法律を整備することが、喫緊の課題だったのです。

　1889年（明治22年）に大日本帝国憲法が公布され、これ以降の約10〜20
年の間に、民法や商法など「六法」と呼ばれる法律がようやく整備された
ことで、不平等条約を解消しました。不平等条約の締結から実に、60年も
経ってからのことでした。

➡ Q28（P.62）に挑戦！

　では、当時の税収の状況は、どうだったのでしょうか？

　当時は1873年（明治6年）の地租改正を受けた「地租」や、江戸時代か
ら引き継いだ「酒税」が税収の多くを占めていました。

　農業収益以外の商工業収益も増え始めていたなかで、税負担の均衡化を
図る目的があり、税目も多様化していきました。しかも当時は、海軍費を
中心とした国家経費の増大があって、その財源を確保する必要があったの
です。

➡Q29（P.63）に挑戦！

■明治天皇の勅令でつくられた「所得税法」

　そこで、民法などの法律はもちろん、大日本帝国憲法ができる2年前（1887年〔明治20年〕）に、「所得税法」は、明治天皇からの直接の命令「勅令」でつくられていたのです。相続税法も、その18年後の1905年（明治38年）に制定されています。

　そして、1899年（明治32年）から所得税の一部として課税されてきた法人税は1940年（昭和15年）に独立の税金として制定されています。

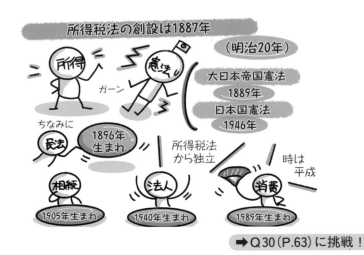

➡Q30（P.63）に挑戦！

第10話 税金の使い方と日本の政治も知っておこう

■2018年に自由の女神が閉鎖された？

2018年に自由の女神が閉鎖されたことを覚えている方もいらっしゃるかもしれません。これには、合衆国政府の予算をめぐって、民主党と共和党が折り合わず、政府機関の一部が業務停止になった背景があります。

日本でも同様に、与野党が対立して予算が成立せず、税が使えなくなるリスクもあるんです。この第10話では、この点について説明します（P.56）。

いままでは「税金は、どうやって集めるの？」という視点で説明してきました。しかし、これだけでは不十分です。"税金の使い方"も、租税教育には大切です。よって、ここでは「税の使い方は、どうやって決めるの？」という視点で説明していきます。

■税金の使い道を知ろう！

集められた税金は、どのように使われるのでしょうか？

主に３割以上が「社会保障」に使われます。他にも、教育・公共事業・防衛等にも使われています。　➡Q31（P.63）に挑戦！

■税金の使い道も「日本国憲法」がおおもと！

前の第６話でも「日本国憲法」は登場していますが（P.36）、「**税金の徴収**」のお話でした。今回は「**税の使い道**」のお話です。

特に「社会保障」の"命と健康を守る"という考えは、日本国憲法に基づいています。つまり、憲法が税金のルールの"おおもと"になります。

■「予算」って、どういう意味？

では、税金の使い方はどう決めていくのか？　まず、用語の説明をしておきます。税金の使い方のことを「**予算**」といいます。税金には、国で使われるものと、皆さんがお住まいの地方自治体で使われるものがありますが、ここでは「**国の予算**」を説明します。

➡Q32（P.63）に挑戦！

■「予算案」って、どのようにつくられるの？

　日本の国の予算は1年ごとに決められます。会計期間は4月から翌年3月までで、7月頃から次年度にはどれくらい税金が必要か、それぞれの省庁が必要な金額を計算します。これを「概算要求」といいます。

　それを**財務省**が各省庁と調整し、まとめたうえで**内閣**に提出します。この**財務省原案**をもとに、12月に内閣が**予算案**を作成します。

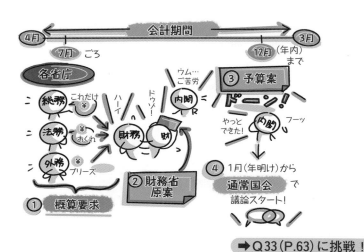

➡Q33（P.63）に挑戦！

■「予算案」が決まらないと、どうなる？

　予算案は、1月から開かれる通常国会で議論され、国民が望む税金の使い方になっているかどうか、国会の議論を通してチェックされます。ところが、与党と野党が対立して、予算がなかなか決まらないことがあります。3月末までに予算が成立しないと、税金が使えなくなります。

　国は違えど、本話の冒頭で述べた（P.53）2018年に自由の女神が閉鎖されたことと同じようなことが起き得るんです。そういう場合には、仮の予算を決めて、支出していきます。この仮の予算を「暫定予算（ざんていよさん）」といいます。

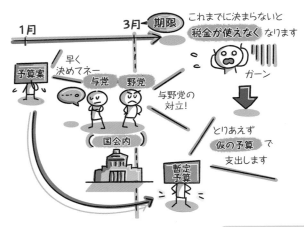

➡Q34（P.64）に挑戦！

■「予算のチェック」は超重要！

　では、税金の使い方である予算は、どのようにチェックされるのでしょうか？

　日本の政治は、内閣と国会が大きな役割を担っています。内閣は行政機関です。つまり、どういう政治を行なっていくのかを決めるのが内閣の仕事です。税金をどう使うかという予算案を考えるのも内閣です。国会では、この内閣がつくった予算案をもとに審議が行なわれます。予算だけではなく、法律や外国との条約の承認などもすべて、最終的には国会で決めなければいけません。

国会には、多くの議員がいます。衆議院の定数は465人、参議院の定数は248人と、こんなに多くの議員が一堂に会して話し合うと、時間が掛かってしまいます。

　そこで、本会議と別に委員会をつくり、まず少数の議員で話し合います。予算のことを議論する**予算委員会**に、各政党から選ばれた委員が出席し、予算について疑問点や問題点を質問したり、正したりしていきます。特に予算委員会は、特別に重要な位置づけがなされ、他の委員会と比べて議員の人数も多く、関連する大臣の出席なども義務づけられ、委員会で大臣や閣僚が質問に答えていくことで、議論を深めていくのです。

　他にも税金の見張り番として、**会計検査院**があります。会計検査院とは、国が集めた税金が無駄なく効率よく適切に使われているかを調べ、問題点があれば改善や是正を促す国の機関です。しかも、**国会や内閣、裁判所から独立**しており、政府からも指図を受けない機関で、憲法90条で定められています。

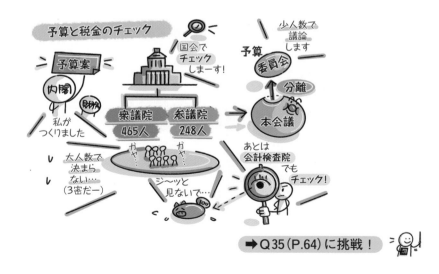

➡Q35（P.64）に挑戦！

■凡例紹介：法令等の略称について

　本書を手に取っていただいた読者の皆さんは、おそらく「**税金知識ゼロのサラリーマン**」と「**初学者のフリーランス**」の方々が多いのではないかと思います。また、そうした方々は、法律の知識もあまりお持ちではないかもしれません。

　税法も法律ですので、これから法律の理論に沿って各税目（国税四法）を説明していきますが、その説明の中で法令等が出てきます。そうした法令等は次に掲げる略称で示します。

【3限目：所得税法】
- 通法……国税通則法
- 所令……所得税法施行令
- 措令……租税特別措置法施行令
- 所法……所得税法
- 措法……租税特別措置法
- 所基通……所得税基本通達
　　　　　他

【4限目：相続税法】
- 民法……民法
- 相規……相続税法施行規則
- 相法……相続税法
- 相基通……相続税基本通達
　　　　　他

【5限目：法人税法】
- 会社……会社法
- 法令……法人税法施行令
- 法基通……法人税基本通達　　他
- 法法……法人税法
- 地法……地方税法

【6限目：消費税法】
- 消法……消費税法
- 消規……消費税法施行規則
- 消令……消費税法施行令
- 消基通……消費税基本通達
- インボイス通達……消費税の仕入税額控除制度における適格請求書等保存方式に関する取扱通達の制定について　他

【補　講：電帳法】
　・電帳法……電子計算機を使用して作成する国税関係帳簿書類の保
　　　　　　存方法等の特例に関する法律
　・電規……電子計算機を使用して作成する国税関係帳簿書類の保存
　　　　　　方法等の特例に関する法律施行規則
　・電通達……電子帳簿保存法取扱通達　他

また、条番号、項番号、号番号は、次の例のように略します。

例：消費税法第32条第1項第1号＝消法32①一

2限目 税金クイズ

【Q12】 わが国の最高法規である日本国憲法。その下に税法など各法令が位置づけられます。次のうち、「法令ではない」のは、どれでしょうか？ →**ヒントはP.37、P.40、答えはP.179**
- A：国税通則法
- B：基本通達
- C：施行令
- D：施行規則

【Q13】 日本国憲法は「ある考え方」に則り、国民の納税義務（30条）や、課税は法律に基づくこと（84条）を定めています。「ある考え方」とは、次のうち、どれでしょうか？　→**ヒントはP.37、答えはP.179**
- A：租税法律主義
- B：債務確定主義
- C：現金主義
- D：発生主義

【Q14】 日本国憲法は税のルールの"おおもと"です。次のうち、憲法が保障している、課税時に遵守しなければならない「納税者の権利」は、次のうちどれでしょうか？　→**ヒントはP.38、P.39、答えはP.179**
- A：財産権
- B：生存権
- C：幸福権
- D：A～Cのすべて

【Q15】 日本国憲法は税のルールの"おおもと"です。次の憲法の条文のうち、税金に関係する条文は、どれでしょうか？
→**ヒントはP.38、P.39、答えはP.179**
- A：13条—個人の尊厳
- B：14条—法の下の平等
- C：25条—生存権（健康で文化的な生活を営む権利）
- D：A～Cのすべて

【Q16】 国の最高法規である日本国憲法。その下に税法など各法が位置づけられます。では、税法の世界での「親玉」的な法律は、次のうち、どれでしょうか？
- A：国税通則法　　　　　　　　　　　　　　→**ヒントはP.40、答えはP.179**
- B：基本通達
- C：施行令
- D：施行規則

【Q17】 税法の世界も体系化されています。このうち、「具体的な計算事項等を規定」しているのは、次のうち、どれでしょうか？　→**ヒントはP.40、答えはP.179**

A：国税通則法
B：基本通達
C：施行令
D：施行規則

【Q18】 所得税法等は、"恒久立法"と呼ばれ、法律の有効期間が永久的に続くという性質を持ちます。他方、租税特別措置法（措法）は、"時限立法"と呼ばれ、法律の「有効期限が〇年〇月〇日まで」などと規定されています。"恒久立法"と"時限立法"の期間が重なった場合に「優先適用される」のは、次のうち、どちらでしょうか？　→ヒントはP.41、答えはP.179
A："恒久立法"―所得税法等
B："時限立法"―租税特別措置法

【Q19】 人頭税とは、住民一人ひとりに頭割りで税をかけるもので、「世紀の悪税」ともいわれています。1990年頃に人頭税を導入した国は、次のうちどれでしょうか？　→ヒントはP.42、答えはP.179
A：アメリカ
B：イギリス
C：ドイツ
D：フランス

【Q20】 実は、人頭税は日本の一部地域でも存在しましたが、いつ廃止されたのでしょうか？　→ヒントはP.44、答えはP.179
A：飛鳥時代
B：奈良・平安・鎌倉・室町時代
C：安土・桃山・江戸時代
D：明治時代以降

【Q21】 日本の場合、食料品にも消費税がかかりますが、収入が高い人も低い人も、食費はあまり変わらないという見方もあります。ところで、日本で消費税が導入されたのは何年でしょうか？　→ヒントはP.45、P.52、答えはP.179
A：1965年
B：1977年
C：1989年
D：2001年

【Q22】 税と権力は、切っても切れない関係ともいわれています。日本で税が始まったのは、いつの時代でしょうか？　→ヒントはP.46、答えはP.179
A：弥生時代
B：飛鳥時代
C：奈良時代
D：平安時代

【Q23】 日本で本格的な税のしくみが確立されたのは、いつの時代でしょうか？
　　　→ヒントはP.47、答えはP.179
　　　A：弥生時代
　　　B：飛鳥時代
　　　C：奈良時代
　　　D：平安時代

【Q24】 時代は飛鳥時代。律令制度のもと、満6歳以上の男女に「口分田」という土地が与えられ、「租庸調」という税が課せられました。租庸調の「租」の税率は、次のうち、どれでしょうか？　→ヒントはP.48、答えはP.180
　　　A：3％
　　　B：5％
　　　C：8％
　　　D：10％

【Q25】 743年、自分たちで新たに開墾した土地であれば、開墾した人がその土地を永久に所有できるようになりました。これまでの公地公民からの大きな転換です。これを定めた規定は、次のうちどれでしょうか？　→ヒントはP.48、答えはP.180
　　　A：班田収授法
　　　B：墾田永年私財法
　　　C：太閤検地
　　　D：地租改正令

【Q26】 戦国時代の後半、豊臣秀吉は支配地域の田畑を調べ、検地帳に田畑の持ち主の名前と予想される生産量（＝石高）を記録させ、百姓から確実に税を徴収しました（太閤検地）。当時、年貢としてどれだけ徴収されたのでしょうか？
　　　A：約3％　　　　　　　　　　　　　→ヒントはP.49、答えはP.180
　　　B：約10％
　　　C：約30％
　　　D：約70％

【Q27】 明治政府は様々な近代化政策を進めましたが、最大の目玉が税制改革です。地租改正によって、従来の年貢米から金納になり、地価に課税されました。何パーセントを地租として課税されたのでしょうか？　→ヒントはP.50、答えはP.180
　　　A：3％
　　　B：5％
　　　C：8％
　　　D：10％

【Q28】 明治政府にとって、「治外法権」と「関税自主権」に関する不平等な内容の条約の解消が課題でした。福沢諭吉は『学問のすゝめ』を執筆し、その中で「いまの日本が外国に及ばないところ」を3つ挙げています。この3つに「含まれない」

のは、次のうち、どれでしょうか？　→**ヒントはP.51、答えはP.180**
　A：学術
　B：商売（経済）
　C：教育
　D：法律

【Q29】　1873年（明治6年）の地租改正当時、「地租」と並んで主な税収となっていた税金は、次のうち、どれでしょうか？　→**ヒントはP.52、答えはP.180**
　A：所得税
　B：相続税
　C：法人税
　D：酒税

【Q30】　国税四法の創設の順序で正しいのは、次のうち、どれでしょうか？
　A：所得税→法人税→相続税→消費税　　　　　→**ヒントはP.52、答えはP.180**
　B：所得税→相続税→法人税→消費税
　C：法人税→所得税→相続税→消費税
　D：消費税→所得税→法人税→相続税

【Q31】　"税金はどうやって集めるのか？"という視点の他、"税金の使い方"も租税教育には大切です。現代日本の税金の使い道に含まれるのは、次のうち、どれでしょうか？　→**ヒントはP.53、答えはP.180**
　A：社会保障―命と健康を守る
　B：教育―誰でも学べるようにする
　C：公共事業―みんなのために工事を行なう
　D：A～Cのすべて

【Q32】　「税金の使い方」を表す用語として正しいのは、次のうち、どれでしょうか？
　→**ヒントはP.55、答えはP.180**
　A：家計
　B：会計
　C：予算
　D：決算

【Q33】　日本の国の予算の会計期間は4月から翌年3月で、7月頃から次年度にはどれくらい税金が必要か、それぞれの省庁が必要な金額を計算します。これを「概算要求」といいます。この「概算要求」を取りまとめ、内閣に提出する省庁は、次のうち、どれでしょうか？　→**ヒントはP.55、答えはP.181**
　A：総務省
　B：財務省
　C：法務省
　D：外務省

【Q34】 2018年にアメリカの合衆国政府の予算をめぐって、民主党と共和党が折り合わず、政府機関の一部が業務停止したことに伴い、自由の女神が閉鎖されたことが話題になりました。日本の場合でも、与党と野党が対立して、予算がなかなか決まらない場合を想定して、仮の予算を決めて支出することがあります。次の用語のうち、関係する用語はどれでしょうか？　→ヒントはP.56、答えはP.181
　　A：概算要求
　　B：財務省原案
　　C：予算案
　　D：暫定予算

【Q35】 税の見張り番として、集めた税が無駄なく効率よく適切に使われているかを調べ、問題点があれば改善や是正を促す国の機関は、次のうち、どれでしょうか？
→ヒントはP.57、答えはP.181
　　A：日本銀行
　　B：財務省
　　C：会計検査院
　　D：国税庁

3限目

知らないと損してしまう！
所得税のしくみを
ざっくり理解しよう

第11話

最初の難敵、10種類の所得区分！マトリックスで攻略しよう

■所得税は個人の税金。皆さんに関係します！

いままで国税四法について、１限目と２限目でざっくり説明してきました。納税者の皆さんを支援させていただくのが税理士の仕事。その税理士のお客様は、"個人" と "法人" の２種類に区分され、所得税は相続税同様、"個人にかかる税金" に区分されます。

税理士の
お客さんは

2種類

個人

法人

① 所得税　② 相続税など

③ 法人税　④ 消費税など

個人にも
かかるヨ!

➡ Q36（P.87）に挑戦！

■「所得税」は "めんどくさい奴" ？

所得税とは、我々個人が１年間に稼いだ所得（＝もうけ）に対して課せられる国税です。ちなみに所得税法上、「所得」について直接定義している "規定はなく"、10種類の所得区分を説明しており、他の９つの所得に該当しない場合は、バスケットカテゴリーとして雑所得に分類するという体系になっています。

余談ですが、一般的な法律の論述で、"規定はない" という結論部分は意外に重要で、「規定がないので複数の解釈の余地がある」という問題提起から展開するケース（論法）は多いといえます。

　まず所得税の勉強を始めて挫折しがちな、各種所得の10種類の区分について掘り下げましょう。この10種類の区分で所得税が嫌になる方もいらっしゃると思います。

　10種類の各所得を簡潔に説明すると、次のとおりです。

①利子所得：銀行預金の利子収入などに係る所得（所法23①）

②配当所得：株式の配当金収入などに係る所得（所法24①）

③不動産所得：貸家や土地の賃借料収入などに係る所得（所法26①）

④事業所得：物品販売業などの商売に係る所得（所法27①）

⑤給与所得：給料や賞与に係る所得（所法28①）

⑥退職所得：退職金収入に係る所得（所法30①）

⑦山林所得：５年を超える山林の売却に係る所得（所法32①）

⑧譲渡所得：資産の売却に係る所得（所法33①）

⑨一時所得：クイズ賞金収入や生命保険金などに係る所得（所法34①）

⑩雑所得：年金収入や原稿料収入などに係る所得（所法35①）

　10種類の区分は多くて、覚えるのは大変ですよね。やみくもに暗記するものでもありません。そこでタイプ別に分類して整理するため、マトリックスで攻略することをおススメします。➡Q37（P.87）に挑戦！

■マトリックスで攻略！　その1

　まず縦軸。もうけるために何をしたかで区分します。銀行預金や不動産から得られる所得など**不労所得**（＝資産所得）か、給与や退職金収入などの勤労所得かで区分します。

　次に横軸。生命保険金など**一時的**な収入か、銀行預金の利子など**継続的**な収入かで区分します。

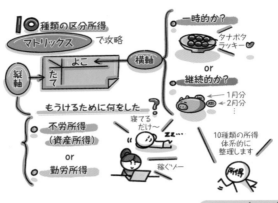

➡Q38（P.87）に挑戦！

■マトリックスで攻略！　その2

　10種類の各所得をマトリックスにプロットすると、以下のとおりです。縦軸に、“資産＋勤労”という組み合わせや、“その他”もある点にご留意ください。これで10種類の各所得をすべて網羅しています。

10種類の所得区分

	継続的 コツコツと	一時的 タナボタラッキー
不労所得（資産）	利子 / 配当 / 不動産	譲渡
勤労所得	給与	退職
資産＋勤労	事業	山林
その他	雑	一時

➡Q39（P.87）に挑戦！

第12話 まるごと解説! そもそも所得税はどのように計算するか?

■所得税の計算方法の「4ステップ」

　これから所得税の計算方法（所法21①）の解説に入ります。所得税とは、我々個人が1年間に稼いだ所得（＝もうけ）に対して課せられる国税です。

　所得税は、公平に課税されるようにするため、個人の税負担能力（＝担税力）に応じた課税にするため、以下の4つのステップを経て計算されます。実は、これで所得税計算の概要はすべてです。あとは、この幹に枝葉をつけていくイメージです。

・ステップ1：
　個人が得た所得を10種類に区分して所得金額を計算（所法23〜35）。

・ステップ2：
　10種類の各所得の金額をまとめる＝「総合する」（所法22②）。

・ステップ3：
　課税標準から所得控除額を控除（所法72〜87）して、課税所得金額を計算（所法21①三）。

・ステップ4：
　課税所得金額に5〜45％の超過累進税率（所法89①）などを適用して、税額を計算（所法21①四）。

➡Q40（P.87）に挑戦！

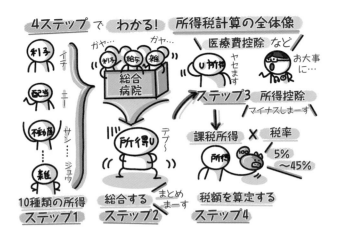

■「ストック・オプション訴訟」の概要

　まずは、戦後最大の税務訴訟といわれる「ストック・オプション訴訟」を紹介しましょう。

（事件の概要・背景）

　外資系企業の日本法人の役員や従業員に付与されたストック・オプション。それを行使した利益に対する日本での課税が裁判で争われました。これが、「**ストック・オプション訴訟**」です。

　そもそもストック・オプションは、自社の株式を購入できる権利で、日本では、1997年の商法改正によって導入されました。商法改正までは一般的に、この税制を考える必要はありませんでした。

（問題の所在）

　しかし、外資系の会社では、商法改正前から外国の親会社が子会社の日本法人の役員などにストック・オプションを付与していました。問題となったのは、このストック・オプションの行使益の所得分類です。つまり、この日本法人に勤めていたために得られたものと考える**給与所得**（所法28①）か、例えば馬券の払戻金のような一時的・偶発的な**一時所得**（所法34

①、所令183②他）かで争いになりました。

（各主張の整理）

　原告である納税者の主張は「一時所得である」というものでした。一時所得は50万円までの特別控除の規定があり（所法34②③）、１年の一時所得の収入が50万円まではそもそも課税されません。また、一時的・偶発的な性質で担税力が低いため、税金も２分の１になる「**２分の１課税**」（所法22②二）が認められています。

　これに対して、被告の国税当局は給与所得（所法28①、所令64、65）と主張しました。つまり、一時所得の約２倍の税額になるとし、訴訟にまで発展しました。

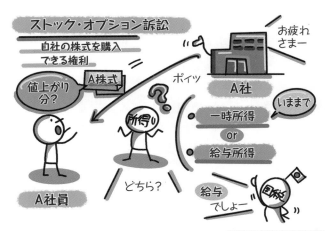

➡Q41（P.88）に挑戦！

　もともと1997年の商法改正前まで、国税当局の見解は「一時所得」にあたるとしていました。例えば、東京国税局の所得税課長などが執筆した『回答事例による所得税質疑応答集（昭和60年版）』（森末暢博監修、櫻井泰編、大蔵財務協会、1985年）という書籍でも「一時所得にあたる」と明記していました。

　ところが1997年の商法改正で、ストック・オプション制度が導入されると、国税庁の見解が「給与所得」に変わり、いままで「一時所得にあたる」

としていた点との整合性が争われました。

（結論：国側の勝訴）

　税法研究者からも「一時所得説」は相当程度の支持があり、最高裁も「一時所得とする見解にも相応の論拠があり」と難しい判断を迫られながらも、最終的には被告（国）の勝訴、つまり「給与所得にあたる」とされました。

■「サラリーマン税金訴訟」の概要

　次に、法学部で勉強されたことのある方なら、一度は聞かれたであろう「サラリーマン税金訴訟」もしくは「大島訴訟」を紹介しておきましょう。

（事件の概要）

　サラリーマンがもらう給与・賞与は「給与所得」（所法28①、所令64、65）に分類されるのに対し、個人事業主などが得る収入は「事業所得」（所法27①、所令63）になります。

　事業所得者の**必要経費**は、実際に払ったものであれば、この金額を控除できます（所法27②）が、必要経費といえる支出であれば上限がなく、青天井に控除できます。これを「実額控除」といいます。他方、給与所得者には、「給与所得控除額」の上限があります（所法28③）。

（問題の所在・整理）

　原告であるサラリーマンの大島正教授（同志社大学商学部で文学・スペイン語を担当されていました。名前をとって「大島訴訟」とも呼ばれています）が起こした訴訟内容は、「サラリーマンは事業所得者と違って実額での控除が認められておらず、自分で学会の費用を負担するなどのお金をかけているのに、これらを引けないのは事業所得者と比べて差別ではないか、不平等ではないか」というものです。

　憲法14条１項では「**法の下の平等**」を定めています。平等原則ともいわれますが、「これに違反するのではないか」という裁判が起こされたわけです。

サラリーマン税金訴訟

税法が **憲法違反** です!

え〜っ

憲法

14条
法の下
の平等

事業　給与

所得

給与
でしょー!

国税

所得 は
きっちり 区別
してネー!

➡Q42（P.88）に挑戦！

（結論：国側の勝訴）

　最高裁は「憲法（法の下の平等）に違反しない」としました。判決のポイントは、税法の規定は「**経済的自由権**」に関連するものであり、表現の自由やプライバシー権の侵害といった「**精神的自由権**」の合憲性判断より緩やかに判断する（これを「**二重の基準**」といいます）ということです。

　つまり、税制が正しいかどうか（変えるべきかどうか）は国民が決めることで、裁判所はよほどのことがない限り違憲と判断しないという基準を立てたのです。

　大島教授にとっては残念ながら敗訴になりましたが、最高裁判決後、1987年に所得税法等の法律改正が行なわれ、**特定支出控除**という制度が設けられました。サラリーマン税金訴訟は、実際に法律改正を促した、社会的に大きな影響を与えた裁判の1つといえます。

　以上が、有名な2つの税務訴訟です。如何でしょうか。法解釈は非常に難しく、研究者や学者が議論しているイメージを持たれたかもしれません。でも一方で、私たちが支払う税金だから、生活にも大きく影響を与えるイメージも持たれたはずです。

　そこで、次の第13話では、「税金知識ゼロ」のサラリーマンの方でもイメージができるような身近なところから説明していきましょう。

第13話 名前だけ聞いたことがあるけど、源泉徴収、年末調整、確定申告って、何?

■サラリーマンも必見！　所得税の「超入門」

　ところで「源泉徴収票」ってありますよね。サラリーマンの皆さんが毎年もらっているにもかかわらず、中身の数値の意味がよくわからず、でも大切そうなので捨てるに捨てられない、あの紙です。

　サラリーマンの皆さんで、税金を意識したことがない人は、本当に（！）税金は他人事。強いていえば、消費税や自動車税くらい。ご自身の給与にも税金がかかっているのは知っているけど、全部会社任せ。

「税金の無知を何とかしなければ……」

　おそらく、その焦りもあり、本書を手に取っていただいている方もいるのではないかと思います。最初に、ご自身の給与の税金に関係する「源泉徴収の実務」について説明しましょう。

　この源泉徴収の実務では、「①源泉徴収」「②年末調整」「③確定申告」の区分がポイントになります。この前に、用語説明にちょっとだけお付き合いください。

　①源泉徴収：給与等を支払う者は、その支払いの際、給与等から所定の所得税を国に翌月の10日までに納付する（所法183①）ことになっており、この制度を「源泉徴収制度」といいます。

　②年末調整：給与の支払者は、給与の支払いの際「源泉徴収税額表」に基づいて所得税の源泉徴収をしますが、その源泉徴収した所得税の1年間の合計は、その支払いを受ける人の年税額と一致しないのが通常です。こ

の不一致を修正する手続きが「年末調整」です（所法190〜193）。

　③確定申告：サラリーマンなどの給与所得者は、原則として確定申告をする必要はありません。毎月給料から所得税が源泉徴収されていて、会社が年末に年末調整を行なうことで、所得税の納税手続きが完了しているからです。

　確定申告とは、課税期間の翌年2月16日から3月15日まで（所法120①）に、納税義務者が所得税を納めるために税務署に申告する手続きです（通法35①、所法120①、128）。

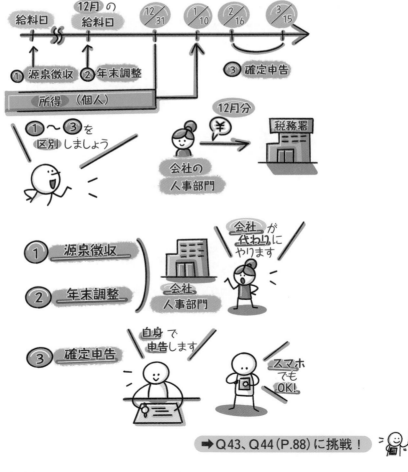

➡ Q43、Q44（P.88）に挑戦！

■節税したいなら、まずは「人的控除」を理解しよう！

　節税する主な方法としては、確定申告で税金を取り戻す方法があります。
そして、確定申告の内容を知るには、まず「所得控除」から理解しておく
必要があります。

　生活面での個人的事情を考慮するために、所得控除は全15種類認められ
ており、8種類の「人的控除」と、7種類の「物的控除」の2つに大別す
ることができます。

所得控除（全15種類）＝人的控除（全8種類）＋物的控除（全7種類）

　まず、人的控除です。人的控除は、すべて年末調整で処理できるもので、
通常、サラリーマンの皆さんは必要書類を会社人事部門に提出し、会社側
で所得税の納税手続きが完了することになります。

　人的控除の中では、配偶者控除（所法83）と扶養控除（所法84）が代表
格で、ざっくりいえば奥様（あるいは旦那様）や子供1人につき38万円の
控除を得ることができるというものです。

　これらに基礎控除（所法86）を加えた3つが、「課税最低限」として、
憲法25条の「生存権」（P.38参照）を具体化しているといわれています。
ここで、課税最低限とは、所得税を課す最低金額のことで、この課税最低
限を超えたときに所得税が課されます。　**→Q45（P.88）に挑戦！**

■人的控除（8種類）

人的控除 控除名	控除できる理由 ／控除額の概要	① 源泉徴収	② 年末調整	③ 確定申告
障害者控除	本人または扶養親族が障害者である場合 ／27万円（特別障害者は40万円または75万円）	○	○	○
ひとり親控除	現に婚姻していない者のうち、一定の子を有する場合 ／35万円	○	○	○
寡婦控除	夫と死別・離婚した者で、一定の要件を満たす場合 ／27万円	○	○	○
勤労学生控除	本人が一定の学校等に通う学生や生徒である場合 ／27万円	○	○	○
配偶者控除	一定の要件を満たす配偶者がいる場合 ／最高38万円（70歳以上は最高48万円）	○	○	○
配偶者特別控除	一定の要件を満たす配偶者がいる場合 ／最高38万円	―	○	○
扶養控除	一定の要件を満たす扶養親族がいる場合 ／一人あたり原則38万円（最高63万円）	○	○	○
基礎控除	原則として48万円の控除 ／最高48万円	○	○	○

上表の①～③のうち、実務対応する項目に"○"を付けています。

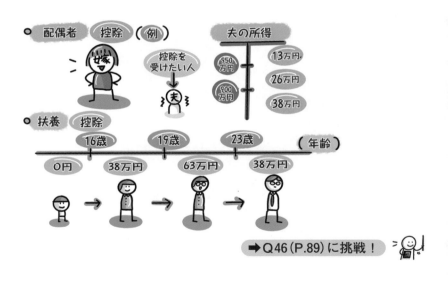

➡Q46（P.89）に挑戦！

第15話 3つの物的控除（雑損控除、医療費控除、寄附金控除）で税金を取り戻せ！

■節税したいなら、「物的控除」を理解しよう！

　所得控除について、続けて説明しましょう。前の第14話では人的控除について説明したので、本話では**物的控除**を説明します。

■物的控除（7種類）

物的控除 控除名	控除できる理由 ／控除額の概要		① 源泉徴収	② 年末調整	③ 確定申告
雑損控除	火事で住宅が焼けたり、現金が盗難にあった場合 ／損失額−課税標準の合計額×10%		—	—	○
医療費控除	一定額を超える医療費の支出があった場合 ／支出医療費−10万円		—	—	○
寄附金控除	特定の寄附をした場合 ／支出寄附金−2万円		—	—	○
社会保険料控除	国民年金や健康保険料等を支払った場合 ／全額（例えば、P.26も参照）	給与から天引き	○	○	○
小規模企業共済 等掛金控除	小規模企業共済の掛金等を支払った場合 ／全額	上記以外		○	○
生命保険料控除	一定の生命保険料を支払った場合 ／最高12万円（例えば、P.26も参照）		—	○	○
地震保険料控除	一定の地震保険料などを支払った場合 ／最高5万円		—	○	○

上表の①〜③のうち、実務対応する項目に"○"を付けています。

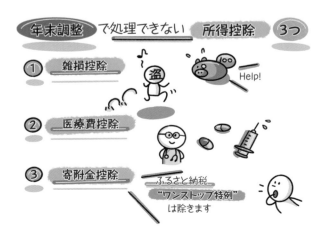

年末調整 で処理できない 所得控除 3つ

① 雑損控除　盗　Help!

② 医療費控除

③ 寄附金控除　ふるさと納税 "ワンストップ特例" は除きます

サラリーマンの皆さんは通常、必要書類を会社の人事（総務）部門に提出し、会社側で所得税の納税手続きが完了することになりますが、「雑損控除（所法72）」「医療費控除（所法73）」「寄附金控除（所法78）」の3つは年末調整で処理できず、確定申告が必要になります。

➡Q47、Q48（P.89）に挑戦！

■所得税の計算のしくみ「税額控除」も理解しよう！

　後ほど、医療費控除（所法73）、寄附金控除（所法78）の個別事項を説明しますが、「住宅ローン減税」という言葉を聞いたことはないでしょうか。ただ、77ページおよび78ページの所得控除の人的控除と物的控除には見当たりません。

　この住宅ローン減税は、所得控除（所法72〜87）とは別の「税額控除（所法21①五）」で税金が戻ってくる一例です。

　税額控除は、配当控除（所法92、措法9）、外国税額控除（所法95、所令221〜226）と所得税法で規定されている項目と、「租税特別措置法」（以下、本書では「措法」と呼びます）で控除できる項目があります。「住宅ローン減税」などは、後者の「措法」で規定されています。

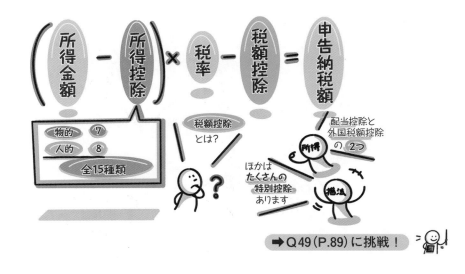

➡Q49（P.89）に挑戦！

■医療費控除をざっくり解説

　医療費控除は、納税者あるいは生計を一にする親族に係る診療または治療に関する医療費を支払った場合（所法73①）に適用できます。医療費控除の対象と、「控除できるもの＝○」と「控除できないもの＝×」を勘違いしやすいケースの代表例は、以下のとおりです（所法73②、所令207）。

・通院費（所令207三）
　　○電車代や、電車等で通院が困難な場合のタクシー代
　　×自家用車のガソリン代
・人間ドック費用等の健康診断費用（所令207一）
　　○重大な疾病が発見され、その疾病の治療を行なった場合
　　×重大な疾病がなく、治療を行なわなかった場合
・訪問介護や看護（所令207七）
　　○訪問看護やリハビリテーション費用
　　×料理、洗濯、掃除等の生活援助中心の訪問介護費

　他にも、特例規定「セルフメディケーション税制（措法41の17、措令26の27の２）」もあります。

このセルフメディケーション税制は、健康の保持増進および疾病の予防の取り組みを行なっている場合の措置で、具体的には、薬局やドラッグストアなどで購入できるOTC医薬品の購入費用が高額になったとき、一定の条件を満たせば医療費控除の特例として所得控除を受けることができる制度です。

このように、医療費控除は、時には「医療」と「税務」にまたがるので難解なイメージを持たれるかもしれません。

■補聴器は医療費控除できる

前のページでも説明したとおり、医療費控除になるかならないかの判断に迷う場合は多いです。例えば、補聴器。2018年より特定の要件を満たした場合に、医療費控除を受けられることが、厚生労働省、財務省によって承認されました（国税庁ホームページ参照）。この補聴器の医療費控除について図解すると、以下のとおりです。

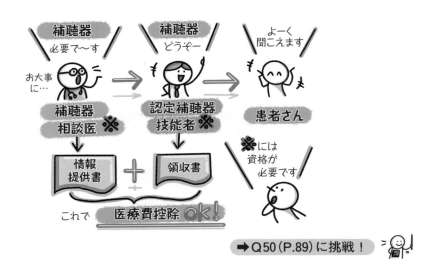

➡Q50（P.89）に挑戦！

前ページの図のとおり、耳鼻咽喉科の医師といっても、必ずしも「補聴器相談医」の資格を持っているとは限りません。補聴器相談医の資格は、医師免許とは別の資格です。また、「認定補聴器技能者」になるにも資格が必要で、公益財団法人テクノエイド協会が基準以上の知識や技能を持つことを認定して付与します。

■うまく活用すれば、お得な「ふるさと納税」

　「ふるさと納税」は、2008年から開始された、寄附金控除制度です。「納税」という言葉が使われていますが、実体は「寄附」なんです（所法78、所基通78-4）。

　例えば、ある地方自治体に30,000円分、ふるさと納税で寄附をして返礼品をもらったケースで考えると、2,000円を除いた28,000円が寄附金控除額として、税金が安くなります。つまり、2,000円の自己負担額で返礼品を受け取ることができます。

　しかも、「ワンストップ特例制度」という制度があり、サラリーマンの寄附先が5自治体以内など、特定の要件を満たす場合は、ふるさと納税の確定申告が不要になります。

　ところで、忘れてはいけないのが、「いくらまでお得なのか？」、つまり控除限度額の計算のしくみがあることです。

　この寄附金の計算のしくみは、なかなか馴染みがなく、税金計算もイメージがしにくくなっています。なぜなら、この計算でネックになるのが個人住民税の規定部分であり、所得税の知識だけでは不十分だからです。

　ちょっとややこしいですが、2,000円の自己負担額に次の①〜③を加味した合計が控除限度額の範囲内の金額になります。

①所得税の控除（還付）：

（ふるさと納税の寄附金額－2,000円）×所得税率（所得金額によっ
て0〜45%）×102.1%

②住民税からの控除（基本分）：

（ふるさと納税の寄附金額－2,000円）×10%

③住民税からの控除（特例分）：

（ふるさと納税の寄附金額－2,000円）×（90%－所得税率×102.1%）

　上式の①、②により控除できなかった寄附金額を③により全額控除でき
ますが、所得割額の2割を限度とします。

　ふるさと納税の控除限度額は、下図の算式により求めます。

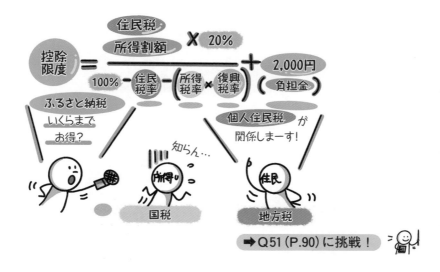

第16話 会社員でも確定申告する場合がある！

■会社員で確定申告をしなければいけない場合とは？

　源泉徴収制度により通常、会社員（サラリーマン）は、自ら確定申告の手続きをしなくて済みます（所法183①）。でも、例外があります。次のとおりです。

---

①給与収入が2,000万円超の場合（所法121①柱書）
②2か所以上から給与をもらっている場合（所法121①二）
③給与・退職所得以外で、20万円超の場合（所法121①一）

　特に「③給与・退職所得以外で20万円超」となったケースは、要注意です。例えば、「副業収入を得ている会社員」が確定申告しなければいけないケースに該当してきます。

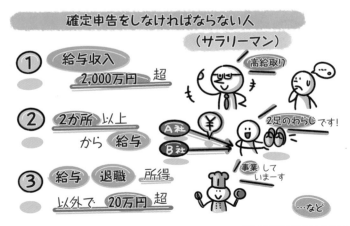

➡Q52（P.90）に挑戦！

■副業会社員の悩みどころ……何所得？

ところで、所得税には「10種類の所得区分」がありますが（P.67参照）、会社員が副業収入（所得20万円超）を得たとき、「事業所得」か「雑所得」にするか迷われた方も多いのではないでしょうか。

事業所得：物品販売業などの商売に係る所得（所法27①）

雑所得　：年金収入や原稿料収入などに係る所得（所法35①）

第12話で紹介した「サラリーマン税金訴訟」では、給与所得（所法28①）か事業所得（所法27①）の区分の違憲性について争われました（P.73参照）。今回は主に、事業所得（所法27①）か雑所得（所法35①）かの判定になります。

そもそも事業所得には、「事業性の要件」というものがあり、**対価を得て継続的に行なう事業**（所法27①、所令63十二）と範囲が決められています。

なお、事業所得と雑所得の計算のしくみは基本的に同じですが（所法27②、35②二）、損失が生じたときなどで違いが生じます。

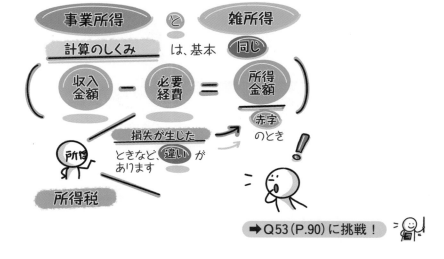

➡Q53（P.90）に挑戦！

■副業会社員の「節税」テクニック？

　そもそも副業収入がどの所得に該当するか、所得税法上は何ら規定を設けていません。前ページで「事業所得」と「雑所得」の計算のしくみは基本的に同じだと説明しましたが、では、どうやって、いままで会社員が赤字の事業を始めて、いわゆる「節税（？）」を図っていたのでしょうか？

　ポイントは、前ページで図解した「計算のしくみ」にあります（所法27②、35②二）。

　もし「必要経費」（P.72参照）が「収入金額」を上回ると「所得金額」はマイナス、つまり赤字になります。そして、赤字の所得がある場合、一定の順序により、他の各種所得の金額から控除することを「損益通算」といいます（所法69①）。

　赤字の所得がある場合、「事業所得」は他の所得と損益通算できますが、「雑所得」では損益通算できない（所令200）という違いがあります。副業で赤字の「事業所得」がある場合、本業の「給与所得」から、赤字分を控除（損益通算）して「節税」できるのです。しかし、「事業所得」として認められるためには、書類整理等をしっかり行ない、納税者の責任を果たす必要があります。

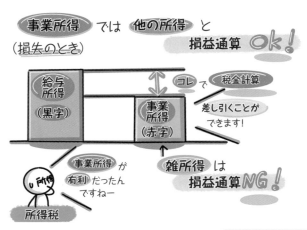

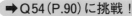

➡Q54（P.90）に挑戦！

【Q36】 国税四法（所得税・相続税・法人税・消費税）の取り扱いは、「個人」と「法人」に分けられ、納税者を支援する税理士の顧客も同様に「個人」と「法人」に分けられます。「税目」と「顧客」の次の組合せのうち、「誤っている組合せ」は、どれでしょうか？

→ヒントはP.66、答えはP.181

A：所得税―個人
B：相続税―法人
C：法人税―法人
D：A〜Cのすべて

【Q37】 所得税とは、我々個人が1年間に稼いだ「所得（＝もうけ）」に対して課せられる国税です。所得税法上、所得は何種類に区分されているでしょうか？

A：10種類 →ヒントはP.67、答えはP.181
B：20種類
C：30種類
D：50種類

【Q38】 所得は「もうけるために何をした？」の視点で区分することができますが、次のうち「当てはまらない視点」は、どれでしょうか？

A：不労所得 →ヒントはP.68、答えはP.181
B：資産所得
C：勤労所得
D：継続的所得

【Q39】 所得は「もうけるために何をした？」の視点（縦軸）と「一時的か継続的か？」の視点（横軸）で区分され、マトリックスをつくることができます。マトリックスの横軸の「一時的か継続的か？」の視点で、「継続的」と「一時的」にそれぞれ分類される所得はいくつでしょうか？ →ヒントはP.68、答えはP.181

A：継続的＝4個、一時的＝6個
B：継続的＝5個、一時的＝5個
C：継続的＝6個、一時的＝4個
D：継続的＝7個、一時的＝3個

【Q40】 所得税の計算は、①10種類の所得に区分、②総合する、③所得控除する、④税率を掛けて税額を求める、という4つのステップにざっくり分けることができます。このうち、ステップ④の「税率を掛けて税額を求める」ですが、累進課税という考え方のもと、所得の多い人にはより高い税率を課しています。この税率の幅は、次のうち、どれでしょうか？ →ヒントはP.69、答えはP.181

A：3〜27％
B：4〜36％
C：5〜45％
D：6〜54％

【Q41】 「ストック・オプション訴訟」は、戦後最大の税務訴訟ともいわれています。同訴訟では、ストック・オプションを行使した利益に対する日本での課税が裁判で争われました。国税側（被告）は「給与所得」を主張しましたが、納税者側（原告）は何所得と主張したのでしょうか？　**→ヒントはP.71、答えはP.181**
A：譲渡所得
B：一時所得
C：配当所得
D：事業所得

【Q42】 有名な「サラリーマン税金訴訟」（もしくは「大島訴訟」）では、「サラリーマンと事業者を区別するのは、憲法違反ではないか」が裁判で争われました。国税側（被告）は「給与所得」の特殊性を主張しましたが、納税者側（原告）は何所得と比べて差別ではないかと主張したのでしょうか？　**→ヒントはP.72、答えはP.181**
A：譲渡所得
B：一時所得
C：配当所得
D：事業所得

【Q43】 給与の支払者は、給与の支払いの際に「源泉徴収税額表」に基づいて所得税の源泉徴収をしますが、その源泉徴収をした所得税の１年間の合計は、その支払いを受ける人の年税額と一致しないのが通常です。この不一致を修正する手続きは、次のうち、どれでしょうか？　**→ヒントはP.75、答えはP.182**
A：源泉徴収
B：年末調整
C：確定申告

【Q44】 源泉徴収の実務では、「源泉徴収」「年末調整」「確定申告」の手続きがポイントになります。この３つのうち、「課税期間の翌年２月16日から３月15日までに、納税義務者が所得税を納めるために税務署に申告する手続き」は、どれでしょうか？　**→ヒントはP.75、答えはP.182**
A：源泉徴収
B：年末調整
C：確定申告

【Q45】 所得税法では、生活面での個人的事情を考慮するために「人的控除」を全8種類規定しています。年末調整で処理できる「人的控除」は、次のうち、どれでしょうか？　**→ヒントはP.76、答えはP.182**

A：障害者控除
　　B：ひとり親控除
　　C：基礎控除
　　D：A〜Cのすべて

【Q46】　所得税法では、生活面での個人的事情を考慮するために「人的控除」を全8
　　種類規定しています。この人的控除のうち、扶養控除は、扶養親族がいる場合に適
　　用できますが、控除額が一番大きくなる扶養親族の年齢は、次のうち、どれでしょ
　　うか？　→ヒントはP.77、答えはP.182
　　　A：〜16歳
　　　B：16歳〜18歳
　　　C：19歳〜22歳
　　　D：23歳〜

【Q47】　所得税法では、生活面での個人的事情を考慮するために「物的控除」を全7
　　種類規定しています。「年末調整で処理できない物的控除」は、次のうち、どれで
　　しょうか？　→ヒントはP.78、答えはP.182
　　　A：雑損控除
　　　B：社会保険料控除
　　　C：生命保険料控除
　　　D：A〜Cのすべて

【Q48】　「ふるさと納税」に関係する「物的控除」は、次のうち、どれでしょうか？
　　→ヒントはP.79、P.82、答えはP.182
　　　A：雑損控除
　　　B：医療費控除
　　　C：寄附金控除
　　　D：地震保険料控除

【Q49】　所得税の計算のしくみでは、8種類の人的控除と7種類の物的控除を合わせ
　　た、全15種類の「所得控除」があります。「所得控除」の他に、「税額控除」の計算
　　のしくみがありますが、所得税法上で「規定されていない税額控除」は、次のうち、
　　どれでしょうか？　→ヒントはP.79、答えはP.182
　　　A：配当控除
　　　B：外国税額控除
　　　C：住宅ローン控除
　　　D：A〜Cのすべて

【Q50】　医療費控除の一例に、補聴器があります。補聴器で医療費控除を受けるため
　　に関係する「職業の資格」は、次のうち、どれでしょうか？
　　→ヒントはP.81、答えはP.182
　　　A：医師免許（耳鼻咽喉科）

B：補聴器相談医
C：認定補聴器技能者
D：A～Cのすべて

【Q51】 「ふるさと納税」は、2008年から開始された、寄附金控除制度です。税務上優遇を受けるための控除限度額がありますが、関係する税目は、次のうち、どれでしょうか？　→ヒントはP.83、答えはP.182
A：事業税
B：住民税
C：法人税
D：消費税

【Q52】 源泉徴収制度により通常、会社員（サラリーマン）が自ら確定申告の手続きをしなくても済みますが、例外もあります。会社員が自ら確定申告の手続きをしなければいけないケースは、次のうち、どれでしょうか？
　→ヒントはP.84、答えはP.182
A：給与収入2,000万円超
B：2か所以上からの給与
C：給与所得・退職所得以外で20万円超
D：A～Cのすべて

【Q53】 会社員の副業収入の所得区分の可能性として、何所得が該当するでしょうか？　→ヒントはP.85、答えはP.183
A：事業所得のみ
B：雑所得のみ
C：事業所得か雑所得
D：所得は自由に決められる

【Q54】 一般的に、副業を持つ会社員にとって、どちらが有利（納める税金が少なくなる可能性がある）でしょうか？　→ヒントはP.86、答えはP.183
A：事業所得
B：雑所得

4限目

いつまでも目を背けられないよ！相続税＆贈与税のしくみをざっくり理解しよう

第17話 実は他人事でない相続税のお話。誰が相続人になるのか?

■相続税とは?

　3限目で所得税の解説をしました。引き続き、4限目では、もう1つの「個人の税金」である相続税を説明していきましょう。

　ん?　相続なんて、まだまだ先の話?……確かに、そうかもしれません。相続の準備も未だ先の話かもしれませんが、いまのうちに知識としてインプットすることに越したことはありません。大枠をつかんでいただくことで、「来るべき日」に備えることができると思います。

　ところで相続税法は、他の所得税法、法人税法および消費税法とは異なり、相続税法という1つの税法の中に、相続税と贈与税という2つの税目が規定されており「1税法2税目」と呼ばれています。

　なお、贈与税は、第20話(P.102)以降で説明していきます。

　改めて、相続税とは、相続や遺贈によって課税財産(相法2)を取得した場合にかかる税金です。また、相続とは、死亡した人(被相続人)の財産を、残された人(相続人)が継承することをいい、遺贈とは、遺言によって財産が相続人等に移転することをいいます。

➡Q55(P.108)に挑戦!

92　4限目　いつまでも目を背けられないよ!　相続税&贈与税のしくみをざっくり理解しよう

前ページの図の場合、父が被相続人、母と子供A・Bの3人が相続人になり、父の遺産に相続税が課税されるというわけです。

■相続税は誰に関係するの？

相続税には、課税最低限が定められており、遺産が下図の算式で計算した額（遺産に係る基礎控除額）以下である場合には、相続税は課税されないことになっています（相法15、相法15②、相法63）。

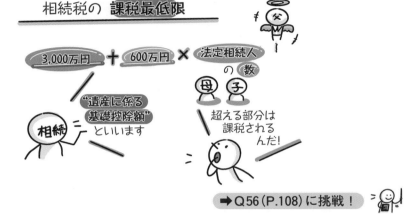

■相続税はどう手続きするの？

相続税は、相続人が申告・納付します。相続の開始を知った日の翌日から10か月以内に期限内申告書を納税地の所轄税務署長に提出しなければなりません（相法27）。

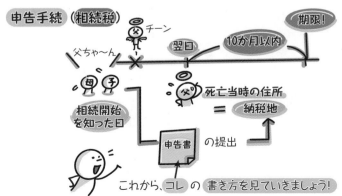

第18話 相続税は民法と税法の二刀流！

■民法を理解しなければ相続税は難しい

　民法は、総則・物権・債権・親族・相続の5編からなります。そのうち相続に関する事項は第5編に定められており、第5編の相続は以下の10章で構成されています。

第1章　総則	第6章　相続人の不存在
第2章　相続人	第7章　遺言
第3章　相続の効力	第8章　配偶者の居住の権利
第4章　相続の承認及び放棄	第9章　遺留分
第5章　財産分離	第10章　特別の寄与

　したがって、相続税を理解するには、民法の第5編の相続に関する規定と相続税法の両方の知識を身につけなければならないわけです。いわゆる民法と税法の「二刀流」ともいえますよね。

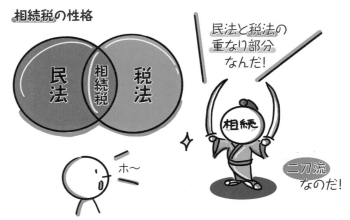

相続税の性格

民法　相続税　税法

民法と税法の重なり部分なんだ！

ホ〜

相続

二刀流なのだ！

➡Q58（P.108）に挑戦！

■民法にはない「みなし相続財産」と非課税限度額

相続税法上、課税財産を構成するものは本来の相続財産（民法上の財産）の他に、課税の公平を図るために相続財産であるとみなして課税する「みなし相続財産」が含まれます。みなし相続財産の主なものとしては、生命保険金（相法３①一）、退職手当金（相法３①二）があります。

例えば、生命保険金。保険金受取人の固有財産であり、被相続人から直接継承するものではないので、民法上の本来の相続財産ではありません。しかし、被相続人による保険料振込みにより、保険金の取得という経済的便益を受けていることに着目し、みなし相続財産とされます。

下図中の（第○表）は、相続税の申告に係る計算書や明細書の番号であり、第１表から第15表まであります。ちなみに、相続税の申告書は第１表だけです。

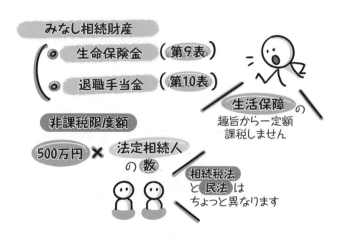

他方で、生命保険契約は、被相続人が自分の死後における家族等の生活保障を意図して加入していますので、一定額について課税しない、つまり非課税限度額が設けられています（相法12①五他）。

→Q59（P.108）に挑戦！

第19話 いざ相続！ 相続税はどのように計算するの？

■4つのステップでわかる相続税額の計算の全体像

　ここまでは相続税法の性格について説明しましたが、これからは実際の計算方法について説明していきましょう。ざっくりと説明しますと、被相続人である父からの遺産を課税財産として、税率を乗じて相続税額とする……という計算方法ですが、実際はちょっと複雑です。

　もし、相続人である母と子たちへの相続財産額を調整することで、相続税額が変動してしまうとしたら、課税の公平の考えから見ておかしいですよね。

　このような不具合を回避するために、下の図のような複雑なステップで相続税額を計算しています。

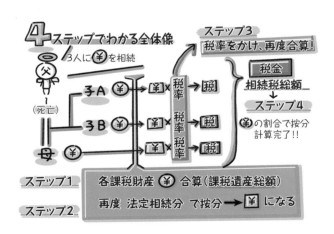

➡Q60（P.109）に挑戦！

ポイントはステップ２のように、法定相続分という予め決められた割合に分け、それに税率を乗じる算出法を強制することで、相続財産額を調整しても相続税額が変動しないようにしているわけです。

　相続税額の計算（相法16）を整理すると、次のとおりです。

- **ステップ１**：相続人の各課税財産を合算して「**課税遺産総額**」を算出する
- **ステップ２**：課税遺産総額を再度、「**法定相続分**」で按分する
- **ステップ３**：法定相続分の取得金額に税率をかけ「**相続税の総額**」を算出する
- **ステップ４**：相続税の総額を各人に按分し、「**税額控除**」を差し引き、各人の納付税額の計算をして申告書完成！

　以下、各ステップのポイントを順に解説していきます。

■ ステップ１　「課税遺産総額」を算出するプロセス

　この「課税遺産総額」を算出するのが一番大変です。民法にはない「みなし相続財産」にも注意が必要です。具体的には、前の第18話（P.95）でも紹介した生命保険金（相法３①一）、退職手当金（相法３①二）などがあります。

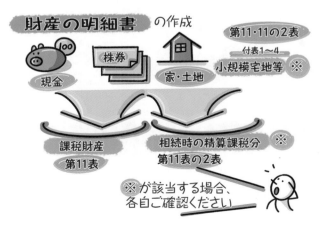

相続税の申告書等の第11表は相続税がかかる財産の明細書、第11表の２
表は相続時精算課税適用財産の明細書であり、これらの明細書を作成して
課税財産を集計します。なお、「相続時精算課税」（相法21の９～18、33の
２、49）については、第20話（P.104）でまとめて解説します。

➡Q61（P.109）に挑戦！

　ところで相続は、土地・家屋、現金預金、株式等のプラスの財産だけで
はなく、借入金、未払金等のマイナスの財産たる債務（相法13、14）もす
べて包括的に承継します。

　また、葬式費用も一般的には、遺族が負担します。葬式費用は債務では
ありませんが、人の死亡により必然的に発生する費用であるため、控除が
認められています（相基通13-４、５）。これらは実務上、「**第13表　債務
及び葬式費用の明細書**」を使って算出します。

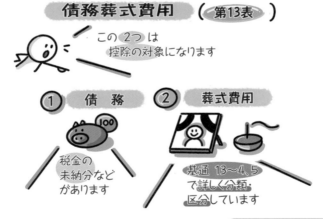

債務葬式費用（第13表）

この2つは控除の対象になります

①債務　②葬式費用

税金の未納分などがあります

基通13～4,5で詳しく分類・区分しています

➡Q62（P.109）に挑戦！

■ステップ２・ステップ３　相続税の総額を計算するプロセス

　次は、ステップ２とステップ３です。

　ステップ２の「課税遺産総額を再度、『法定相続』分で按分する」とス
テップ３の「法定相続人分の取得金額に税率をかけ『相続税の総額』を算
出する」は、実務上、相続税の申告書等の「**第２表　相続税の総額の計算**

書」でサクッと計算することができます（相法16）。

　というのも、第２表の様式上、計算方法が指示されていますので、指示内容に沿って転記、計算していけば自動的に埋まっていくからです。

■ ステップ４　各相続人の納付税額を計算するプロセス

　前の「**第２表　相続税の総額の計算書**」で、相続税の総額が算出できました。実務上、「**第１表　相続税の申告書**」により、相続人ごとの課税価格の割合で、相続税の総額を按分し、最後に各人の納付の計算の中で「税額控除」を計算します。以下、税額控除について説明していきましょう。

　税額控除の種類、根拠規定と控除順序をまとめると、下の表のようになります。

■税額控除の種類・根拠規定と控除順序

　このうち、「**第４表の２　贈与税額控除**」は次の第20話で解説します（P.104）ので、その下「**第５表　配偶者の税額軽減**」から説明します。税金計算上の控除順序も、この順番で行なわれます。

→Q63（P.109）に挑戦！

■配偶者の税額軽減とは？

「配偶者が相続財産の2分の1を相続すれば、相続税は課税されません」といわれますが、それは「配偶者の税額軽減」（相法19の2、相基通19の2-1、10の2-2、19の2-3）があるためです。税額軽減が行なわれるのは、配偶者が遺産の維持形成に貢献したことに対して配慮する、被相続人の死亡後における配偶者の老後の生活保障を図るなどが理由です。

なお、この特例は、戸籍謄本、遺言書・遺産分割協議書の写し等を添付して申告した場合のみ適用されます（相規1の6）。

→Q64（P.109）に挑戦！

■相次相続控除とは？

10年以内に2回以上の相続があった場合、一定の税額を控除することができます。これを「相次相続控除」といい、相続税の申告書等の第7表によって、次ページの図に示したように計算をします（相法20）。

これは、短期間（10年を想定）に相続が2回以上続くと、相続税の負担が重くのしかかることになるため、これを救済するための措置です。

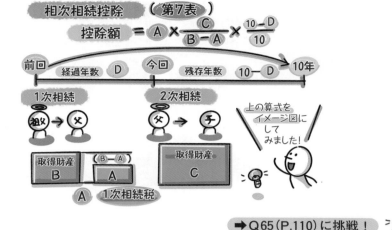

➡Q65（P.110）に挑戦！

■未成年者控除・障害者控除と外国税額控除とは？

　ここでは、**未成年者控除**および**障害者控除**（第6表）と**外国税額控除**（第8表）を説明します。

　まず、未成年者控除（相法19の3）と障害者控除（相法19の4）は、それぞれ次の算式で求められます。

　・控除額（未成年者）＝（18歳−相続開始時の年齢）×10万円
　・控除額（障害者）　＝（85歳−相続開始時の年齢）×10万円

　未成年者控除は、未成年者が成人するまでの教育費や生活費は親（被相続人）の財産から賄うという配慮から設けられています。また、**障害者控除**は、被相続人死亡後の障害者である相続人の生活保障等に配慮したものになります。

　次に、**外国税額控除**とは、外国にある被相続人の財産を取得し、その国で相続税に相当する税が課せられた場合、二重課税を排除するため、税額を控除できるとする制度です（相法20の2）。

第20話 なぜ贈与にも税金が？ ざっくり贈与税を教えます

■相続税の受け皿としての「贈与税」

　あと相続税法の説明で、忘れてはいけないのが贈与税です。贈与とは、生存している個人から財産をもらう契約をいいます。下の図に示したように、父（被相続人）から承継された財産に相続税が課税されますが、賢い（？）被相続人は相続税をできるだけ少なくするために、「（生前に）贈与しまくる」という方法が思いつきます。

　このような "行きすぎた生前贈与を防ぐ" 意味で、贈与に対しても税金が課せられ、この税金を「贈与税」といいます。相続税法の法律の中に贈与税についても規定されており（1税法2税目、P.92参照）、いわば相続税の受け皿（いわゆる「補完税」）として贈与税が課せられます。

　贈与税は、相続税と同様、基礎控除額の規定が設けられており、その基礎控除額は受贈者1人につき、年間110万円で計算され（相法21の5、21の7、措法70の2の4、70の2の5）、納税義務者は、その贈与があった年の翌年2月1日から3月15日までに、一定の事項を記載した期限内申告書を、納税地の所轄税務署長に提出しなければならないことになっています（相法28①）。

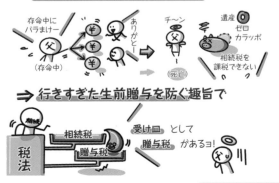

相続税をできるだけ少なくするため…

存命中にバラまけー

¥ ¥ ¥

ありがとー

チ〜ン

遺産 ゼロ カラッポ

相続税を課税できない

→ 行きすぎた生前贈与を防ぐ趣旨で

税法

相続税

贈与税

受け皿 として 贈与税 があるョ！

→Q66（P.110）に挑戦！

ところで、2023年の相続税・贈与税の税制改正では、相続時精算課税制度の使い勝手を向上させ、次世代への資産移転をしやすくする狙いがありました。他方で、暦年贈与については、相続対策としての利用が恒常化しており、バランスを取る形で生前贈与加算の期間が従来の３年から2024年１月以降、段階的に７年まで延長されています。

　「相続時精算課税制度」「暦年贈与」「生前贈与加算」……、耳慣れない用語が出てきましたので、それら用語について説明しておきましょう。

■生前贈与加算とは？

　被相続人から、その相続の開始前７年以内に贈与により財産を取得した場合には、その贈与財産価額も相続税の課税対象となります（相法19）。相続で承継した財産ではありませんが、贈与税が相続税の補完税としての性格を有しており、本来できるだけ相続税を課税したいという趣旨に基づいて加算するものです。これを「生前贈与加算」と呼ばれ、相続税の申告書等の第14表で計算します。

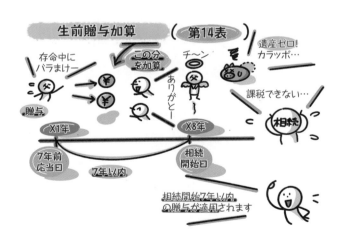

でも、このままでは、贈与財産は贈与税と相続税が二重に課税されることになるため、この二重課税を**暦年課税分の贈与税額控除**（第4表の2）で調整するわけです。

　相続税対策として用いられる方法の1つに、「暦年贈与」と呼ばれる贈与方法があります。暦年贈与とは、1月1日から12月31日までの1年間（暦年）で、"贈与額が110万円以下ならば贈与税がかからない"というルールを利用した贈与方法のことです。

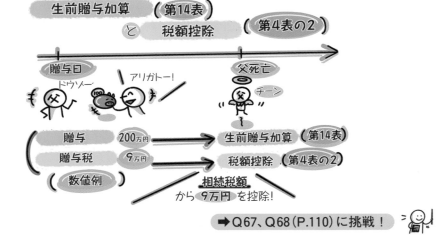

■今後活用が広がる「相続時精算課税制度」

　現行、暦年贈与に対して「相続時精算課税制度」という制度があり、どちらか選択することになります。

　相続時精算課税制度とは、父母または祖父母から18歳以上の子や孫に贈与された財産の2,500万円までは、贈与税が非課税になるという制度です（相法21の9〜18、33の2、49）。

　相続時精算課税制度を使って贈与した財産は、相続時には精算し相続財産として加算することになります。当制度には「次世代への資産移転をしやすくする狙い」があります。

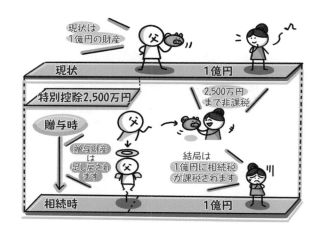

　相続時精算課税制度は、例えば上図のように、贈与するときは2,500万円まで非課税にする代わりに、相続のときに父の手元の遺産7,500万円（1億円−2,500万円）に過去に贈与した2,500万円を足した1億円に課税されます。つまり、税金の支払いの先送りがメインの制度です。

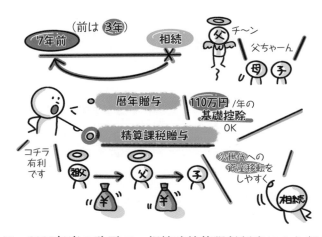

　ちなみに、2023年度の改正で、相続時精算課税制度により行なわれた贈与について、課税価格から毎年110万円の基礎控除ができるようになり「相続時精算課税制度」が使いやすくなりました。適用時期は2024年1月以降になります。

➡Q69（P.110）に挑戦！

第21話 相続税＆贈与税が かからないもの

■相続税の非課税財産

　遺贈者を含む、被相続人から直接承継した金銭的な価値があるものはもちろん、被相続人から直接承継したものではなくても、生命保険金や退職手当金などは、その経済的価値に着目して相続税の課税財産となります（みなし相続財産。詳しくは第18話〔P.95〕参照）。

　しかし、その財産の性格を考えた場合、国民感情や公共性、社会政策的な見地から課税することが好ましくないものもあり、相続税法は非課税財産として次の6種類を規定しています。なお、各財産の下に、非課税とされる理由を付記しています。

---

①**皇嗣が受けた物**（相法12①一）：
　憲法上の特殊な地位に随伴するもので、自由に処分ができないから

②**墓所、霊びょう、祭壇**（相法12①二）：
　日常礼拝の対象となっており、国民感情の面からも課税対象とするのは不適当だから

③**宗教、慈善、学術その他公益を目的とする事業の用に供する財産**（相法12①三）：
　民間共益事業の特殊性から、その事業の保護育成を図るものであるため

④**条例による心身障害者共済制度に基づく給付金の受給権**（相法12①四）：
　共済制度が心身障害者を扶養するためのものであるため

⑤**相続税が課税される保険金**（相法12①五）：
　生命保険制度を通じての貯蓄の増進と相続人の生活の安定のため

⑥**相続税が課税される退職手当金等**（相法12①六）：

相続人の生活の安定のため

なお、⑤⑥について詳細は第18話（P.95）もご参照ください。

■贈与税の非課税財産

贈与税でも同様に、相続税法で非課税とする財産があります。

①**法人からの贈与**（相法21の3①一）：
　相続税を補完する必要がないため

②**扶養義務者相互間の生活費や教育費**（相法21の3①二）：
　日常生活最低限の費用であるため

③**宗教、慈善、学術その他公益を目的とする事業の用に供する財産**（相法21の3①三）：
　民間共益事業の特殊性から、その事業の保護育成を図るものであるため

他にも相続税法で非課税とする財産がありますが、それらに加えて香典、祝物等で社交上必要と認められ（相基通21の3-9）、実務面から非課税とされるものもあります。

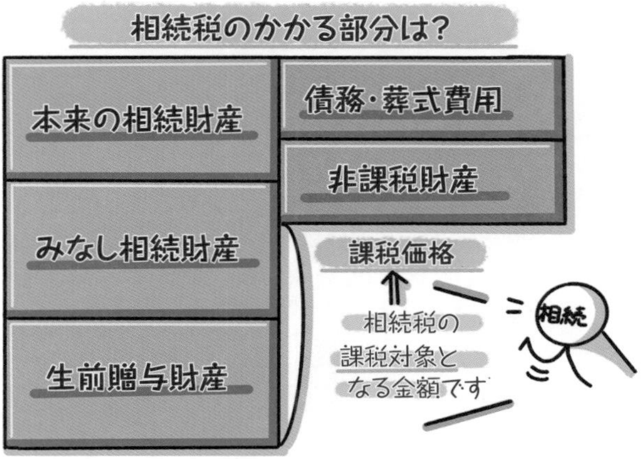

相続税のかかる部分は？

本来の相続財産　債務・葬式費用
　　　　　　　　非課税財産
みなし相続財産　課税価格
　　　　　　　　↑
生前贈与財産　　相続税の課税対象となる金額です＝相続

4限目　税金クイズ

【Q55】　遺言によって財産が相続人等に移転する
　　ことは、次のうち、どれでしょうか？

　　A：相続　　　**→ヒントはP.92、答えはP.183**
　　B：遺贈
　　C：贈与
　　D：譲渡

【Q56】　相続税には、課税最低限が定められており、遺産が「基礎控除額」以下の場
　　合には、相続税は課税されません。もし、法定相続人が配偶者と2人の子供の合計
　　3人である場合、「基礎控除額」は、次のうち、どれですか？
　　　　　　　　　　　　　　　　　　　　　　　　　→ヒントはP.93、答えはP.183
　　A：3,600万円
　　B：4,200万円
　　C：4,800万円
　　D：5,400万円

【Q57】　相続税は相続人が申告・納付します。相続の開始を知った日の翌日から「何
　　か月以内」に期限内申告書を、納税地の所轄税務署長に提出しなければいけないで
　　しょうか？　**→ヒントはP.93、答えはP.183**
　　A：6か月以内
　　B：10か月以内
　　C：12か月以内
　　D：24か月以内

【Q58】　相続税は、相続税法と民法のいわゆる「二刀流」といわれています。民法は、
　　総則・物権・債権・親族・相続の5編からなります。第5編の「相続」は10章で構
　　成されていますが、次のうち、「相続に該当しない、誤っている項目」は、どれで
　　しょうか？　**→ヒントはP.94、答えはP.183**
　　A：第10章　特別の寄与
　　B：第7章　遺言
　　C：第5章　配当
　　D：第4章　相続の承認及び放棄

【Q59】　相続税法上、課税財産を構成するものは、本来の相続財産（民法上の財産）
　　の他に、課税の公平を図るために相続財産であるとみなして課税する「みなし相続
　　財産」が含まれます。「みなし相続財産」に「当てはまらない」のは、次のうち、
　　どれでしょうか？　**→ヒントはP.95、答えはP.183**
　　A：学資積立金
　　B：生命保険金
　　C：退職手当金
　　D：A～Cのすべて

【Q60】 相続人の各課税財産を合算した金額とは、次のうち、どれでしょうか？

→ヒントはP.96、答えはP.183

A：課税遺産総額
B：法定相続分
C：相続税の総額
D：税額控除

【Q61】 相続税の計算で、「課税遺産総額」を算出するのが一番大変です。相続税がかかる財産の明細書（第11表）、相続時精算課税適用財産の明細書（第11表の2表）で課税財産を集計しますが、財産の明細書上、該当があれば、集計される財産は、次のうち、どれでしょうか？ →ヒントはP.98、答えはP.184

A：現金
B：株券
C：家・土地
D：A〜Cのすべて

【Q62】 相続は、土地・家屋、現金預金、株式等のプラスの財産だけではなく、借入金、未払金等のマイナスの財産もすべて包括的に承継されます。この「債務控除」と同じ相続税の用紙（第13表）に記入される費用項目は、次のうち、どれでしょうか？ →ヒントはP.98、答えはP.184

A：医療に係る費用
B：葬式費用
C：弁護士・税理士費用
D：登記費用

【Q63】 相続税の申告書上、相続人ごとの課税価格の割合で、相続税の総額を按分し、最後に各人の納付の計算の中で「税額控除」を計算することになります。「記入様式」と「税額控除」の組合せで「誤っている」のは、次のうち、どれですか？
→ヒントはP.99、答えはP.184

A：第4表の2（贈与税額控除）―暦年課税分の贈与税額控除
B：第5表（配偶者の税額軽減）―相次相続控除
C：第6表（未成年者の控除等）―未成年者控除
D：第6表（未成年者の控除等）―障害者控除

【Q64】 「配偶者が相続財産の2分の1を相続すれば、相続税は課税されません」といわれますが、それは「配偶者の税額軽減」があるためです。「配偶者の税額軽減」の計算上、課税価格合計の最少額（つまり、〇〇円まで配偶者は課税されない）が定められていますが、この最少額は次のうち、どれでしょうか？

A：2,500万円
→ヒントはP.100、答えはP.184
B：8,000万円
C：1億円
D：1億6,000万円

【Q65】　短期間に２回以上の相続があった場合、一定の税額を控除することができることを「相次相続控除」といいます。「相次相続控除」の対象になるのは、何年以内に２回以上の相続が発生した場合でしょうか？　→ヒントはP.101、答えはP.184

　　A：３年

　　B：７年

　　C：10年

　　D：25年

【Q66】　"行きすぎた生前贈与を防ぐ"意味で相続税の「補完税」として定められている税目は、次のうち、どれでしょうか？　→ヒントはP.102、答えはP.184

　　A：所得税

　　B：消費税

　　C：贈与税

　　D：住民税

【Q67】　相続で承継した財産ではありませんが、贈与税が相続税の補完税としての性格を有しており、本来できるだけ相続税を課税したいという趣旨に基づき加算するのが「生前贈与加算」です。でも、このままでは、贈与財産は贈与税と相続税が二重に課税されることになるため、この二重課税を「税額控除」で調整します。「税額控除」のうち「生前贈与加算」に関係するものは、次のうち、どれでしょうか？
　　　　　　　　　　　　　　　　　　　　　　　　→ヒントはP.104、答えはP.184

　　A：暦年課税分の贈与税額控除

　　B：配偶者の税額軽減

　　C：相次相続控除

　　D：外国税額控除

【Q68】　2023年度の改正前より引き続き１月１日から12月31日までの１年間（暦年）で、贈与額が110万円以下ならば贈与税がかからないというしくみを用いた贈与方法は、次のうち、どちらでしょうか？　→ヒントはP.104、答えはP.184

　　A：暦年贈与

　　B：精算課税贈与

【Q69】　父母または祖父母から18歳以上の子や孫に贈与された財産の2,500万円までは、贈与税が非課税になるという制度のしくみを用いた贈与方法は、次のうち、どちらでしょうか？　→ヒントはP.105、答えはP.185

　　A：暦年贈与

　　B：相続時精算課税贈与

5限目

起業時や会社員の必須知識！
法人税等のしくみを
ざっくり理解しよう

第22話 利益と所得は別物？ まずは簿記のしくみを知っておこう！

■簿記のしくみをざっくり理解しよう！

「法人にかかる税金」である法人税と消費税。これらを理解するには、他の所得税、相続税と比べて簿記（会計）の知識が必要になります。税金の考え方を理解するのにも簿記の知識が必要ですが、税額を計算するしくみは、簿記一巡のしくみがベースになっているからです。

社会人の方にとって簿記はビジネスの公用語。どのような就職先でも、お金のやり取りはついてくるので、学生の方もできるだけ早く簿記を学習することをおススメします。

■簿記一巡の流れをざっくり解説！

以下、簿記一巡のしくみを説明します。

取引が発生すると、売上や仕入取引を計上し、さらには固定資産の減価償却など、現金の収支を伴わないものも幅広く含まれます。この取引の状況を日々仕訳に起こし、「仕訳帳」に記帳します。

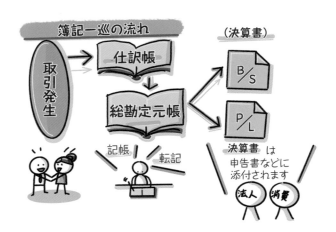

決算期になると、仕訳帳の内容を、売上高などの勘定科目ごとにまとめた元帳である「総勘定元帳」に転記します。総勘定元帳から、**貸借対照表（Ｂ／Ｓ）**や**損益計算書（Ｐ／Ｌ）**といった決算書を作成し、税務申告書などに添付されます。　　　　　　　**➡Q70（P.131）に挑戦！**

■法人税と消費税の税額計算をざっくり解説

　簿記一巡の流れを理解したら、法人税、消費税の税額の計算について、それぞれ知っておきましょう。下の図をご覧ください。

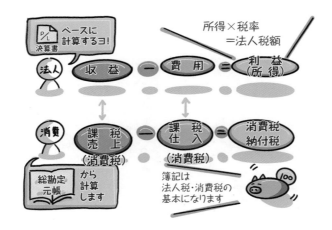

　上段の**法人税**。損益計算書（Ｐ／Ｌ）をベースに計算します。ただし、例えば交際費（措法61の4①②、68の66）のように、簿記では費用計上されているものでも、法人税上は費用に認められない取引があり、別表四で調整されます。こうして計算された**所得**に税率を掛け、法人税額が計算されることになります。

　下段の**消費税**。こちらは総勘定元帳をベースに計算します。課税売上および課税仕入れは、それぞれ消費税が課税される取引を指し、実際に課税された消費税額を総勘定元帳から取ってきて、課税売上に係る消費税額から課税仕入れに係る消費税額を差し引いて、消費税納付額を計算します。

➡Q71（P.131）に挑戦！

■「会計」と「法人税」の違いは？

　法人税は内国法人の所得に課税され（法法5）、その課税標準は各事業年度の所得金額となります（法法21）。会計と法人税とでは、「もうけ」の範囲が異なります。

・会計　　：利益（もうけ）　＝　　収益　－　　費用

・法人税：所得（もうけ）　＝　　益金　－　　損金

　「利益と所得の違い」としては、例えば、受取配当金の益金不算入（法法23、措法67の6）や交際費の損金算入額の範囲（措法61の4①②、68の66）などがあります。

➡️Q72（P.131）に挑戦！

■「会計」と「法人税」の"一致部分"

　ところで、上の図の「会計」と「法人税」の重なり部分で「ほとんどはココ！」と吹き出しを付けましたが、その根拠は以下の法人税法22条4項の規定です。これは、法人税法の中で「最も重要な条文」の1つといえます。

（第2項に規定する）当該事業年度の収益の額及び（前項各号に掲げる）額は、別段の定めがある場合を除き、一般に公正妥当と認められる会計処理の基準に従って計算されるものとする（法法22④）。

ここで「一般に公正妥当と認められる会計処理の基準」とは、法律で定められたものではなく、簿記をベースとした企業会計の慣行のことです。法人税の実務もほとんど、この規定に則ります。

■「会計」と「法人税」の"一番の違い"

では、「会計と法人税」の一番の違いは何でしょうか？

それは、費用（損金）の計上時期の「早さの違い」です。これを理解するには、法人税独自の「債務確定主義」という考えが重要です。

・会計（費用）　＝　発生主義
・法人税（損金）　＝　確定主義（法基通2-2-12）

→Q73（P.131）に挑戦！

法人税法上、販売費および一般管理費の計上は、次の**債務確定主義**（法基通2-2-12）の3要件によって行なわれます。

・債務が成立していること
・具体的な給付をすべき原因となる事実が発生していること
・金額を合理的に算定することができるものであること

　改めて法人税法の中で「最も重要な条文22条」の第3項を見てみましょう。

　内国法人の各事業年度の所得の金額の計算上当該事業年度の損金の額に算入すべき金額は、別段の定めがあるものを除き、次に掲げる金額とする（法法22③）。
　第1号　当該事業年度の収益に係る売上原価、完成工事原価その他これらに準ずる原価の額
　第2号　前号に掲げるもののほか、当該事業年度の販売費、一般管理費その他の費用（償却費以外の費用で当該事業年度終了の日までに債務の確定しないものを除く。）の額
　第3号　当該事業年度の損失の額で資本等取引以外の取引に係るもの

　特に第2号がポイントになります。債務確定主義とは、法的に支払い義務が確定した時点で損金を計上する考え方です。
　会計が重視する「経済実態」として費用が発生していても、法人税は（減価償却費などを除き）債務が確定していなければ損金計上することはないわけです。
　これに対して、「会計」は「**発生主義**」という考えに則り、「経済実態」に着目し、債務が確定していなくても費用化します。

第23話

法人税を納めるのは、どんな法人？
身近なサークル活動やPTAとの関係

■法人格とは？

せっかく法人について勉強するので、「法人格に係る法律知識」について説明しておきましょう。

「任意団体」とは法人格のない団体（民法667〜688）のことで、団体として活動をしていても、実際に契約などを行なう場合には、権利の主体となることができないため、団体の構成員名義で契約を交わします。

また、団体名義で財産を所有することもできないため、財産は構成員の名義で所有することになります。

任意団体としては、例えば町内会やサークル、ＰＴＡなどが典型例です。対外的な信用度は低く、契約書や財産が個人名義となっているため、変更するときなどは法人よりも手間がかかります。

また、行政からの補助金や助成金を受けるためには、法人であることが条件となっているので、これらを受けたいときは法人として設立する必要があります。

ちなみに、法人税法上は「人格のない社団等」（法法２八）で規定されており、代表者等の定めがあるときは、法人とみなして（法法３）法律が適用されることになります。

例えば、株式会社などの法人は、その構成員と別個の法人格を有しています（会社３、民法33）。法人と構成員の両者の法律的独立性（会社104）を形式的に貫くことが、場合により正義・衡平に反することがあります。つまり、法人が構成員により意のままに道具として支配され、違法または不当の目的により、法人格が濫用される場合も出てきます。

➡Q74（P.131）に挑戦！

法人格とは

補助金をもらうのも法人格が必要です

法人格 なし

各構成員が法律の権利主体

構成員 A B … C D E

Bと取引

この取引では B以外法律関係なし

例：町内会 PTAなど…

髪形（モヒカン）イイね！

法人格 あり

「法人」が権利主体として機能する

契約時の権利主体になります
会社と株主みたいなモノです

株主＝構成員 A B D C E

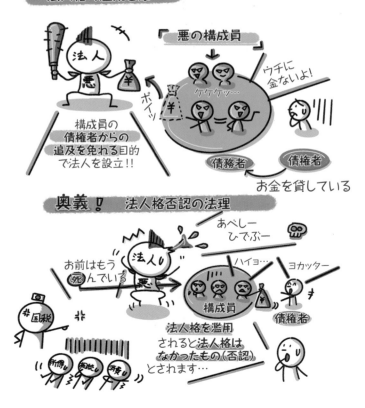

法人格の濫用とは

「悪の構成員」

ウチに金ないよ！

ケケケッ…

構成員の債権者からの追及を免れる目的で法人を設立！！

ポイッ

債務者　債権者

お金を貸している

奥義！ 法人格否認の法理

あべしー
ひでぶー

お前はもう死んでいる

ハイヨ…
ヨカッター

構成員

債権者

法人格を濫用されると法人格はなかったもの（否認）とされます…

法人格が濫用された場合、法人格が否認され、法人の独立性（法人の分離原則）を否認するという法理（法人格否認の法理）が使われます。司法の「伝家の宝刀炸裂‼」というわけですね。　→Q75（P.132）に挑戦！

■非営利法人も法人！　これらに関する制度改革

　法人税というと「会社の税金」というイメージがありますが、会社以外にも法人税を納める必要のある法人があります。

　例えば、「公益法人」などが挙げられます。公益法人とは、「公益」を目的とする事業（活動）を行なう法人のことです。「公益」とは、社会全般や不特定多数のものの利益を意味します。

　公益法人を設立する場合には、一定の公共事業を目的としていなければなりません。しかし実務上、公益目的の認定基準は明確ではなく、そのため昔は、多くの任意団体が法人格を取得することができませんでした。

　そこで、2008年に制度改革が行なわれ「公益法人制度改革関連３法」（①一般社団、財団法人法、②公益法人認定法、③関係法律整備法）が整備され、事業に公益性がなくても、「一般社団法人」や「一般財団法人」として法人格を取得することが可能になりました。

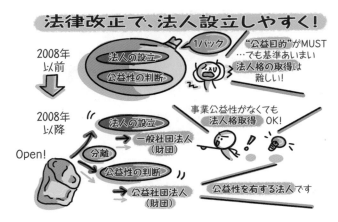

法律改正で、法人設立しやすく！

2008年以前

法人の設立　1パック
公益性の判断

"公益目的"がMUST
…でも基準あいまい
法人格の取得は難しい！

2008年以降

Open!

法人の設立

分離

→一般社団法人（財団）

公益性の判断

→公益社団法人（財団）

事業公益性がなくても
法人格取得　OK!

公益性を有する法人です

→Q76（P.132）に挑戦！

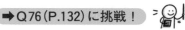

そして、それらの中で公益性を有するものとして認められた法人については、「公益社団法人」や「公益財団法人」となることができるようになったのです。

■非営利法人と営利法人の違い（会社法と税）

法人税法の習得には、「会社法」などの法律の学習も不可欠です。

そこで、会社法を皮切りに"「非営利法人」と「営利法人」の違い"を説明のうえ、税務の内容に入ります。

営利法人とは、構成員への利益の分配を目的とした法人で、株式会社や合同会社（LLC）などがそれに該当します。例えば、株式会社は、株主への利益の分配（会社453）を目的とする法人です。

一方、非営利法人とは、構成員への利益の分配を目的としない法人です。NPO法人、社団法人、財団法人のほか、学校法人、宗教法人、社会福祉法人などがそれに該当します。

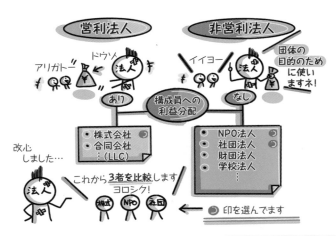

非営利法人は「利益を得てはいけない」と思われがちですが、そんなことはありません。例えばボランティアでやっているのだから、お金を払って人を雇ってはいけないということはなく、給与を払って人を雇うことができます。ただし、非営利法人の収益は、構成員に分配するのではなく、その団体の目的を達成するために使っていきます。

　さらに、営利法人の代表格の株式会社と非営利法人を比較してみましょう。株式会社は、その構成員の株主に対して、次の3つの権利を与えています（会社105）。

---

①議決権（会社308①、325）
②配当を受ける権利（会社453）
③残余財産を受ける権利（会社504）

　また、株主は会社に対して持分を持っているので、それらの権利は相続や譲渡の対象になります。

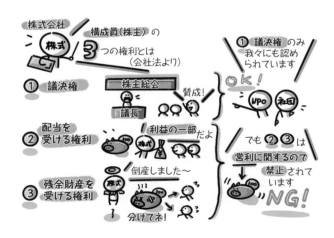

一方、非営利法人であるNPO法人や一般社団法人などは、利益を構成員に分配することは禁止されており、構成員に与えられるのは、総会での議決権のみです。

　また、非営利法人の場合には、構成員は法人に対して持分を持っていないので、法人の財産＝構成員の財産ではなく、相続や譲渡の対象にもなりません。　　　　　　　　　　　　　　　➡Q78（P.132）に挑戦！

　NPO法人と一般社団法人と株式会社の主な相違点を一覧にして、以下に図解しました。NPO法人は、設立に手間がかかる分、社会的信用も高いんですね。税法上のメリットにも差が出てきます。

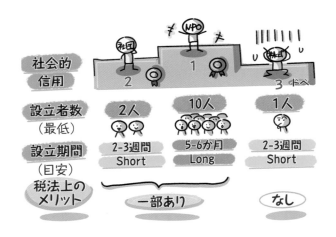

➡Q79（P.132）に挑戦！

■営利法人と非営利法人の税務（法人税）

　ここでは、経理実務的な内容を説明します。

　一般社団法人は、原則として、寄附金や会費収入なども含め、**すべての所得が課税対象**となります。しかし、非営利性を徹底しているなど「非営利型」の一般社団法人については、法人税法の定める「収益事業」（法令5①）から生じた所得のみが課税対象となり、**寄附金や会費収入等については課税されません**（法法4①但書）。

つまり、一般社団法人に関する課税は、収益事業にのみ課税される「非営利型」一般社団法人と、すべての所得に課税される一般社団法人の２つに大きく分けられます。

　また、税務上の取り扱いから、一般社団法人には「共益活動型」の一般社団法人もあり、非営利型および共益活動型の一般社団法人は、NPO法人と同様に、収益事業にのみ課税され、寄附金や会費収入等の公共事業については非課税です。

　一方、非営利型でも共益活動型でもない一般社団法人については、株式会社などの営利法人と同じく、寄附金や会費収入も含めた、すべての所得が課税対象となります。

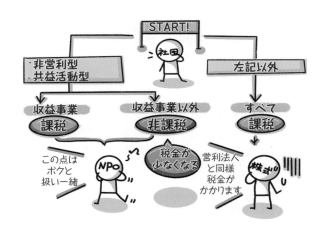

➡Q80（P.133）に挑戦！

第24話 赤字でも法人税を納めるの？ 法人税はどのように計算するか？

■法人税でも税額控除の考えはポイントになってくる

3限目の第15話で所得税の税額控除について説明しました（P.79）が、法人税でも税額控除の考え方はあります。主なものに、**外国税額控除や所得税額控除**、その他いろいろな税額控除が法人税法上あります。

外国税額控除（法法69、法令142〜150）とは、外国で納めた税額を日本の法人税の額から控除できることをいいます。例えば、海外支店の所得は外国で課税され、これに加えて日本の法人税も課税されます。このような同じ所得に対する二重課税を解消するため、税額控除の規定を設けています。

所得税額控除（法法68①）のしくみは、下図のとおりです。一般的に所得税は個人にかかる税金ですが、会社が受け取る預金利息や配当金からは、所得税が源泉徴収されています。この**源泉徴収された所得税は、会社が法人税の申告をする際に差し引くことができる**わけです。

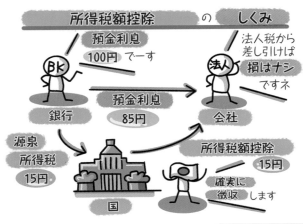

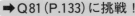

➡Q81（P.133）に挑戦！

■申告書の体系を理解しよう！

　法人税額の計算は、「別表１」と呼ばれる様式上、所得金額に税率を乗じることで行ないます。また、所得金額の計算は、会社の決算書に記載された利益金額をベースに「収益と益金の違い」と「費用と損金の違い」を「別表４」と呼ばれる明細書で調整することで行ないます。

・**別表１**「各事業年度の所得に係る申告書」＝まとめ表

・**別表４**「所得の金額の計算に関する明細書」＝法人税のP／L

　あと重要な明細書が留保項目を繰り越す「別表５」です。別表４が「法人税のP／L」に対して、別表５が「法人税のB／S」とイメージすれば良いでしょう。

・**別表５**(1)「利益積立金額及び資本金等の額の計算に関する明細書」、

　　　　　(2)「租税公課の納付状況等に関する明細書」＝法人税のB／S

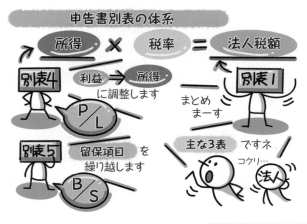

➡Q82（P.133）に挑戦！

■赤字会社でも税務調査には要注意！

「やっと法人税の申告書の提出完了！」とホッとしたのもつかの間、税務調査（通法74の2～12）の連絡が入ることは、よくあることです。協力しないと罰則規定があります（通法128）。税務（経理）担当者や会社経営者にとって、税務調査ほど嫌なものはないでしょう。

会社の場合、通常、3年から5年に一度は税務調査がやってきます。「当社は、ここ数年、ず～っと赤字だから大丈夫!!」って、油断していませんか？

税務調査の対象となる税金は、法人税だけではありません。例えば、源泉所得税は税務調査の対象です。従業員に給与を支払っても源泉所得税は発生しますし、給与以外に税理士やコンサルタントなどへの報酬や講演料にも課税されます。また、消費税の納税義務があるケースも十分に考えられます。

税務（経理）担当者は、法人税だけを見ていると痛い目にあいますので要注意です。

➡ Q83（P.133）に挑戦！

第25話

青色申告とは?
メリット、条件を知っておこう!

■別名「法人所得税」。青色申告も所得税が基本！

　ここでは、「青色申告制度」適用手続きを説明していきます。書店で「青色申告の手引き」を解説したノウハウ本はたくさん販売されていますので、本書では、これらノウハウ本を読む前の準備の位置づけで、イメージを持ってもらうための基本知識に留めて説明したいと思います。

　この青色申告制度は、法人税法だけではなく、所得税法と並べて解説します。

　下図のとおり、開業と同時に青色申告も始める際は「開廃等届出書」のほか、「青色申告承認申請書」を所轄の税務署に期間内に提出することになります（法法122①②、所法144、166）。

　なお、所得税法上、事業を始めるということで「不動産所得」「事業所得」「山林所得」が見込まれる場合は、青色申告制度が適用できます。

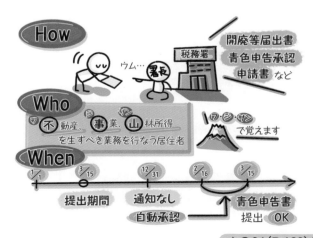

➡Q84 (P.133) に挑戦！

他方で、法人税法・所得税法ともに青色申告の特典を受けるために「帳簿書類保存義務」が発生しますので注意が必要です（法法126①、所法148①）。

ご参考までに、本書で取り上げている国税四法（所得税法・相続税法・法人税法・消費税法）は、いずれも納税者ご自身が税金の申告額を計算する「申告納税制度」を採用しています（通法16①一・②一、所法120、相法27、28、法法74、消法45）。

■青色申告の要件と主な特典

次に、法人の青色申告について説明しましょう。日々の取引を記帳し、その帳簿を保管する旨を、予め納税地の所轄税務署長に申請して承認を受けると、青色申告による申告納税が可能になります。

青色申告の要件ですが、法定の帳簿書類を備え付けて、取引を記録し、かつ保存することが必要です（法法126①）。

また、「青色申告承認申請書」を提出し、税務署長の承認を受けることが必要です。提出期限は次のとおりです。

> ・**新設法人**：設立の日以後3か月経過した日と、設立第1期事業年度終了の日と、いずれか早い日の前日まで（法法122②）
> ・**既存法人**：青色申告をしようとする事業年度の開始の日の前日まで（法法122①）

青色申告の主な特典ですが、①**欠損金の繰越控除**（法法57）、②**欠損金の繰戻還付**（法法80①④⑤、法令154の3、措法66の12、68の97）、③**各種法人税額の特別控除**（措法42の4等）、④**各種特別償却の減価償却の特例**などを受けることで、納める法人税額を少なくすることができます。

第26話
シレっとスルーできない……
法人税等の"等"はどのような税金か？

■法人税等の"等"とは？　地方税も理解しよう！

　第24話でも、会社の税金には法人税以外にも、様々な税金があることを説明しました（P.126）。法人税の他に、消費税、源泉所得税等も税務調査で見られますので、注意が必要でしたよね。でも、こうした国税だけではありません。地方税もあります。

　では、会社の損益計算書（P／L）を見ると「法人税等」の項目がありますが、この「等」とは何でしょうか？

　法人税等とは、「法・住・事（ほう・じゅう・じ）」あるいは「法人三法」と呼ばれるように、**法人税、住民税、事業税**のことをいいます。詳しくは、法人税、地方法人税、法人住民税に加えて、事業税と特別法人事業税までを考慮し、**実効税率は法人の所得に対して約30%**となっています（法法66、措法42の3の2①）。

　「実効税率は約30％」という話が出てきましたので、補足します。資本金の大きい普通法人でも法人税の税率は23.2％となっており、住民税や事業税を加味して実効税率は約30％となっています。

　ここでの**住民税**とは、**法人住民税**のことです。法人税額に税率を乗じた「**法人税割**」に加えて（市町村民税：地法314の4、道府県民税：地法51）、会社の規模によって定められる「**均等割**」を考慮します（市町村民税：地法312、道府県民税：地法52）。

　法人税割とは、法人が法人税額（法人が国に支払う税額）を基準にして都道府県や市町村に払う税金で、儲かっている法人ほど税額が高くなるという構造になっています。なお、税率も均等割額も、都道府県、市町村によって若干異なる点も注意が必要です。

　また、**事業税**とは、**法人事業税**のことです。所得だけではなく、付加価

値と資本金等の額に基づいて計算され、この計算を「外形標準課税」といいます（地法72の12、72の14、72の21、72の23、72の24の2）。

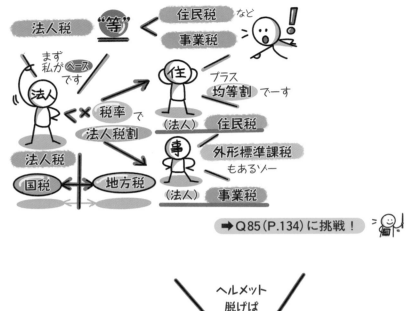

➡ Q85（P.134）に挑戦！

【Q70】　法人税と消費税の理解には、簿記（会計）の知識が不可欠です。売上高などの勘定科目ごとにまとめた元帳とは、次のうち、どれでしょうか？　→ヒントはP.112、答えはP.185
　　　A：仕訳帳
　　　B：総勘定元帳
　　　C：貸借対照表
　　　D：個別注記表

【Q71】　法人税は損益計算書（P／L）をベースに作成しますが、消費税は基本的に何をベースに作成するのでしょうか？　→ヒントはP.113、答えはP.185
　　　A：法人税申告書
　　　B：総勘定元帳
　　　C：貸借対照表
　　　D：個別注記表

【Q72】　法人税は内国法人の所得に課税され、その課税標準は各事業年度の所得金額となります。所得（もうけ）の計算式として正しいのは、次のうち、どれでしょうか？　→ヒントはP.114、答えはP.185
　　　A：収益　　−　　損金
　　　B：収益　　−　　費用
　　　C：益金　　−　　損金
　　　D：益金　　−　　費用

【Q73】　「会計と法人税」の一番の違いは、費用（損金）の計上時期の「早さの違い」だといわれています。費用（損金）の計上時期の考え方として様々な考え方（主義）がありますが、法人税独自の考え方は、次のうち、どれでしょうか？
　　　A：発生主義　　　　　　　　　　　　　　→ヒントはP.115、答えはP.185
　　　B：実現主義
　　　C：債務確定主義
　　　D：現金主義

【Q74】　補助金をもらうには「法人格」が必要になるといったように、「法人」が権利主体として機能するには「法人格」が必要で、法人格がない場合には、各構成員が権利主体となります。次のうち、団体と法人格の「ある・なし」の誤った組合せは、どれでしょうか？　→ヒントはP.117、答えはP.185
　　　A：町内会―法人格あり
　　　B：ＰＴＡ―法人格なし
　　　C：会社―法人格あり
　　　D：ＮＰＯ―法人格あり

【Q75】 法人が構成員により意のままに道具として支配され、違法または不当の目的により、法人格が濫用される場合も出てきます。この場合に関係する用語は、次のうち、どれでしょうか？ **→ヒントはP.118、P.119、答えはP.185**

 A：法人格の濫用
 B：法人の分離原則（例：所有と経営の分離）
 C：法人格否認の法理
 D：A〜Cのすべて

【Q76】 法人税というと、「会社の税金」とのイメージがありますが、会社以外にも法人税を納める必要のある法人があります。公益法人制度改革関連3法が整備され、事業に公益性がなくても、「一般社団法人」や「一般財団法人」として法人格を取得することが可能になりましたが、この制度改革が行なわれたのは、次のうち、いつでしょうか？ **→ヒントはP.119、答えはP.185**

 A：1977年
 B：1979年
 C：2008年
 D：2012年

【Q77】 「営利法人」とは、構成員への利益の分配を目的とした法人で、一方、「非営利法人」とは、構成員への利益の分配を目的としない法人です。各法人に対応する「営利法人」と「非営利法人」の組合せで間違っているのは、次のうち、どれでしょうか？ **→ヒントはP.120、答えはP.185**

 A：合同会社─営利法人
 B：ＮＰＯ法人─非営利法人
 C：社団法人─営利法人
 D：財団法人─非営利法人

【Q78】 会社法上、営利法人である「株式会社」では株主に3つの権利を付与しています。このうち、非営利法人である「ＮＰＯ法人・社団法人」の構成員にも同様に認められている権利は、次のうち、どれでしょうか？

 A：議決権   **→ヒントはP.121、答えはP.186**
 B：配当を受ける権利
 C：残余財産を受ける権利
 D：A〜Cのすべて

【Q79】 一般社団法人および株式会社と比較したうえで、非営利法人である「ＮＰＯ法人」の説明で正しいのは、次のうち、どれでしょうか？

 A：最低設立者数は最小   **→ヒントはP.122、答えはP.186**
 B：設立期間（目安）は最短
 C：税法上のメリットが一部あり
 D：A〜Cのすべて

【Q80】 法人税法上、「収益事業」＝課税、「収益事業以外」＝非課税と区分できる法人は限られています。「収益事業以外」＝非課税と区分できる法人は、次のうち、どれでしょうか？　→ヒントはP.123、答えはP.186
　　A：株式会社とＮＰＯ法人
　　B：非営利型社団法人とＮＰＯ法人
　　C：営利型社団法人と株式会社
　　D：すべての社団法人とＮＰＯ法人

【Q81】 法人税でも他の税目と同様、「税額控除」の考えはあります。例えば、二重課税を避けるために外国税額控除がありますが、それ以外の法人税での「税額控除」は、次のうち、どれでしょうか？　→ヒントはP.124、答えはP.186
　　A：基礎控除
　　B：相次相続控除
　　C：贈与税額控除
　　D：所得税額控除

【Q82】 法人税額の計算は、所得金額に税率を乗じることで行ないます。主な税務別表として「別表１」「別表４」「別表５」の３つがあるといわれていますが、各別表と説明の「正しい組合せ」は、次のうち、どれでしょうか？
　　→ヒントはP.125、答えはP.186
　　A：別表１―利益積立金額及び資本金等の額の計算に関する明細書
　　B：別表４―所得の金額の計算に関する明細書
　　C：別表５―各事業年度の所得に係る申告書
　　D：別表５―減価償却資産の償却額の計算に関する明細書

【Q83】 会社の場合、通常、３年から５年に一度は税務調査が入ります。税務調査の対象となる税金は、法人税だけではありません。その他に調査対象になる税目は、次のうち、どれでしょうか？　→ヒントはP.126、答えはP.186
　　A：源泉所得税
　　B：法人事業税
　　C：消費税
　　D：A〜Cのすべて

【Q84】 開業と同時に青色申告を始める際は「開廃等届出書」と「青色申告承認申請書」を所轄の税務署に期間内に提出することになります。青色申告制度を適用できず、税務上のメリットも期待でき「ない」のは、次の所得のうち、どれでしょうか？
　　A：雑所得　　　　　　　　　　　　　　→ヒントはP.127、答えはP.186
　　B：不動産所得
　　C：事業所得
　　D：山林所得

【Q85】 会社の損益計算書（P／L）を見ると「法人税等」の項目がありますが、この「等」に含まれない税目はどれでしょうか？ →ヒントはP.130、答えはP.187
　　A：法人住民税
　　B：法人事業税
　　C：固定資産税
　　D：A〜Cのすべて

法人税は簿記の知識が
重要でしたね！
簿記は消費税でも
かんけいしてくるよ〜

ルカ・パチョーリ
（1445年〜1517年）

6限目

知ってるつもりで
実はよく知らなかった!
消費税のしくみを
ざっくり理解しよう

第27話 誰がどのように消費税を納めるの?

■消費税って、どんな税金?　インボイス制度って、どんな制度?

　お客さんが支払った消費税を、事業者が預かったうえで納税するのが消費税の基本的なしくみです。まずは、消費税の大まかな枠組みを説明しましょう。もちろん、2023年10月より導入された**インボイス制度**も無視できません。

　宝石店（買主）の取引をイメージしてください。問屋（売主）より60万円で仕入れ、消費者に100万円で販売するケースで考えます。

　消費税を考慮すると、販売100万円に対し、消費者から10万円の消費税分を預かって、仕入れ60万円に対し、問屋（売主）に6万円の消費税分を支払います。そして、税務署には、10万円から6万円を差し引いた4万円を納税する、というのが大枠になります。それを前提に売主である問屋が別途、6万円を税務署に納税していることが条件になります。

　このように消費税は、各段階にいる事業者が、消費者の負担すべき消費税を分担して納税する「多段階課税」と呼ばれる方式を採用しています。

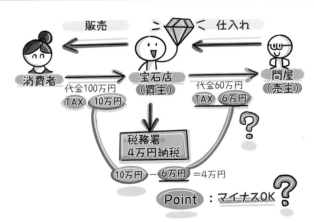

ポイントは、問屋（売主）に6万円の消費税分を支払いましたが、税務署に納税する際に6万円を差し引けるか？　つまり、「仕入税額控除（消法30①②、37①）」できるかが問題になります。　**➡ Q86（P.155）に挑戦！**

　売主に支払った6万円を買主の納税時にマイナスできるかは、本当に売主が、この6万円を納税しているかに掛かっています。売主である仕入れ先が納税したことを証明する書類のことを "インボイス（適格請求書）" といいます。では、インボイスが「ある」「なし」に場合分けして説明しましょう。

■インボイス制度の前後で何が変わった？

　インボイスがある場合、問題なく、売主の6万円の納税がすでに証明されているので、買主にとって6万円をマイナスする（仕入税額控除）ことができます（消法30⑦〜⑨）。

　これに対して、インボイスがない場合、2023年10月以降は仕入税額控除できず、買主は売主の6万円を含めた、計10万円の消費税を納税することになります。なお、2023年9月以前は、インボイスの有無に関係なく仕入税額控除が認められ、売主の納税の事実は問題になりませんでした。

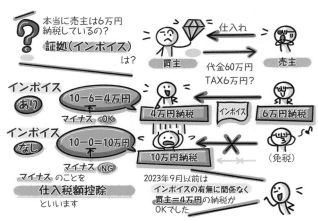

➡ Q87（P.155）に挑戦！

■消費税を納めなくてもいい事業者がいる【売主の立場①】

皆さんも、「取引規模が大きな事業者だけ消費税を負担していて、零細事業者は消費税を免除されている」というイメージを持っていらっしゃるのではないでしょうか。

この点について、もう少し法律と照らして具体的に説明していきます。まず、**納税義務者**について国内取引と輸入取引に区分して、次のように定められています（消法5①②）。

・**国内取引**：国内において課税資産の譲渡等を行なった事業者
・**輸入取引**：保税地域から課税貨物を引き取る者（輸入者）

国内取引について、事業を行なう個人と法人が納税義務者となる（消法2①三四、4①、消基通5-1-1）としています。他方、基準期間における課税売上高が1,000万円以下の小規模事業者については、消費税の納税義務を免除することとしており、この制度により納税義務が免除される事業者のことを「免税事業者」といいます（消法9①④⑥⑦、9の2、12の2、12の3、12の4、消令25の4）。　➡Q88（P.155）に挑戦！

■インボイス制度導入による免税事業者への影響は？【売主の立場②】

インボイス制度の導入で、どのような影響が出るのでしょうか？

インボイスを発行するためには登録が必要です。「適格請求書発行事業者」として登録をしなければインボイスを発行することはできません。

課税事業者は、適格請求書発行事業者の申請・登録を粛々と進めればよいのですが、免税事業者は登録申請できないので、取引への影響や納税負担など戦略を練る必要があります。

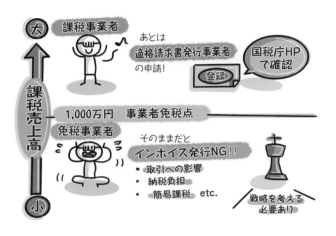

■納税義務の判定に用いる基準期間とは？【売主の立場③】

　免税点について、もう少し掘り下げて説明していきます。

　基準期間中の課税売上高が1,000万円以下の事業者は、当期の課税売上高が何億円あろうとも一切納税義務はありません。

　逆に、基準期間中の課税売上高が1,000万円を超える事業者は、当期中の課税売上高がたとえ1,000万円以下であったとしても、納税義務は免除されないことになります（消基通1-4-1）。

　納税義務の判定に用いる基準期間については、個人事業者と法人に区分して下図のように規定されています（消法2①十四）。

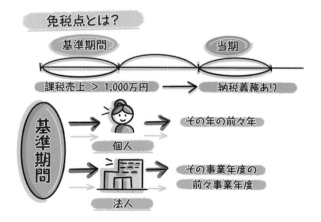

消費税は税の転嫁を予定している税金なので、税を転嫁するために必要な顧客への周知といった準備期間も考慮したうえで、個人事業主については前々年、法人については前々事業年度を、基準期間として定めています（消法19①）。

■取引先（買主）の区分が重要【買主は誰か？】

　P.136～P.137で説明した宝石の取引のお話に戻りましょう。まず、買主が**事業者の場合**（B to B：Business to Business）、インボイスの交付を求めてくる場合が多いと考えられます。

　次に、買主が**消費者の場合**（B to C：Business to Consumer）、そもそも消費税の納税義務者でなく「インボイスは要らない」という反応がほとんどでしょう。買主が誰かによって、やるべき準備も変わってくるわけです。

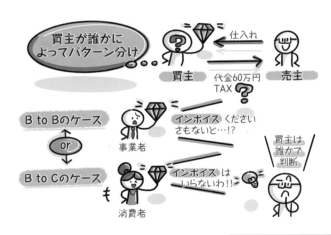

➡ Q89（P.155）に挑戦！

■売主の立場で、消費税（インボイス）対策はどうする？

　次ページの図のように、【売主の立場①～③】を横軸、【買主は誰か？】を縦軸のマトリックスにしてみると、事業者（B to B）を買主（得意先）とする免税事業者が、一番大きなインパクトを受けることが想定されます。

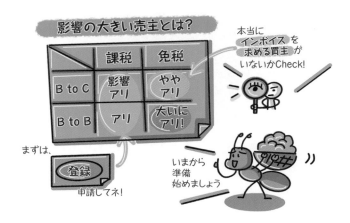

➡Q90（P.156）に挑戦！

■消費税の申告と納付

　課税事業者になった場合、消費税も事業者が自ら納税額を計算しなければなりません（申告納税制度〔P.128〕）。確定申告書の提出期限は次のとおりです（消法45①、45の2、46、49）。

> ・**法人**：課税期間末日の翌日から2か月以内
> ・**個人**：翌年3月31日

第**28**話 経理部門も悩む……消費税がかかるもの、かからないもの。それと、軽減税率も?

■そもそも、消費税はどんな取引に課税されるのか?

　事業者がお客様から代金を受け取る取引には、いろいろ種類があります。すべての取引に対して消費税がかかるわけではありません。どんな取引に消費税がかかるのか、紹介しておきましょう。

　消費税の対象は「国内課税取引」と「輸入取引」です（消法2①八、消法4①②）。輸入取引（消法4②、消基通5-6-2）は保税地域から引き取られる外国貨物に対し、引き取りの時までに申告書の提出と消費税の納付が求められています。国内課税取引（消法4①）は、後ほど解説します。

　一方、消費税のかからない取引には、土地の譲渡や利子などの**非課税取引**（消法6①、消法別表第一）、輸出取引などの**免税取引**（消法7、消基通7-1-1、7-2-1）、配当金などの**不課税取引**（消基通5-2-4・8・14・15等）の3つの取引があります。

　このように、3つの取引に区分している理由は、次の第29話（P.146）で後述する消費税の申告書作成で「課税売上割合（消法30⑥、消令48①）」という計算で影響を受けるためです。

■国内課税取引とは?

　消費税法上、**事業者**は「国内において行なった課税資産の譲渡等につき消費税を納める義務がある」（消法5①）とし、その**課税資産の譲渡**とは「事業として対価を得て行なわれる資産の譲渡および貸付ならびに役務の提供のうち、非課税取引以外のものをいう」（消法2①八）とされています。

　上の図の①〜⑥の詳細を説明していきましょう。

　①の"**日本国内で**"とは、例えば、アメリカ国内で行なわれた取引に、日本の消費税はかからないということです（消法４③、消令６③、消基通5-7-2〜10）。

　②の"**事業者が**"とは、個人事業者と法人を意味します。例えば、サラリーマンが受け取る給与には消費税がかかりません。また、③の"**事業として**"とは、取引が反復、継続、独立して行なわれることを意味します。例えば、個人事業者の自宅の売却には消費税がかかりません（消法２①三四、４①、消基通5-1-1、5-1-7）。

　④の"**対価を得て**"と⑤の"**資産譲渡など**"とは、反対給付を受けることを意味します。例えば、自宅を子供に贈与しても、また配当金に対しても消費税はかかりません（消法２①八、消基通5-1-2、5-2-1、5-2-2、5-5-1）。

　⑥の"**非課税取引ではない**"とは、例えば、土地の譲渡は①〜⑤の要件を満たしますが、非課税取引（全13種類。次ページ参照）とされているため、消費税がかからないということです（消法６①、消法別表第一）。

➡Q91（P.156）に挑戦！

■13種類の非課税取引とは？

先ほどの①〜⑤の要件を満たしても、消費税法の規定により消費税がかからない取引を⑥「非課税取引」といい、次のように全13種類あります（消法6①、消法別表第一）。

---

1. 土地の譲渡および貸付（消基通6-1-1）
2. 有価証券等の譲渡（消基通6-2-1）
3. 利子、保険料等（消基通6-3-1）
4. 切手、印紙、商品券等の譲渡（消基通6-4-1）
5. 行政手数料、外国為替業務（消基通6-5-1）
6. 医療費（消基通6-6-1）
7. 介護サービス、社会福祉事業等（消基通6-7-1）
8. 助産にかかる資産の譲渡等（消基通6-8-1）
9. 埋葬料、火葬料（消基通6-9-1）
10. 身体障害者用物品の譲渡、貸付等（消基通6-10-1）
11. 学校の授業料、入金等（消基通6-11-1）
12. 教科用図書の譲渡（消基通6-12-1）
13. 住宅の貸与（消基通6-13-1）

■名前だけ聞いたことがある……軽減税率制度とは？

2019年10月1日に消費税率が8％から10％に引き上げられると同時に、「軽減税率制度」が導入されました。軽減税率制度とは、酒類・外食を除く飲食料品の譲渡と定期購読契約が締結された新聞の譲渡について、消費税率を8％にする取り扱いです（消法29、地法72の83）。

店内飲食とテイクアウトの区分について国税庁がガイドラインを示すなど、販売現場での混乱が見られました。また、食玩（おまけ付きお菓子）も混乱した業界の1つです（平成28年改正法附則34①一、消令2の3、軽減通達4）。

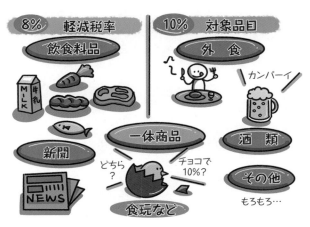

→ Q92（P.156）に挑戦！

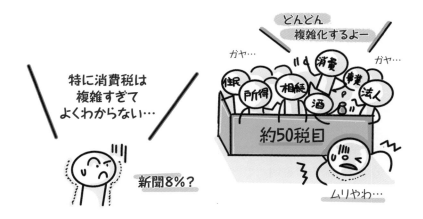

第29話 消費税の確定申告もろもろ……
ところで、仕入税額控除って、何だっけ？

■**消費税の確定申告業務をざっくり見てみよう！**

確定申告（一般課税のケース）は、次の3ステップで計算します。

・**ステップ1**：課税売上に対する課税標準額※、消費税額を計算します。消費税率10％の内訳は、国税7.8％、地方税2.2％になります。
※課税標準額＝課税売上高の税込額×100/110

・**ステップ2**：仕入税額控除（P.137参照）の元となる「課税売上割合※」を算出します。95％以上の場合は、課税仕入れに係る消費税を全額控除できますが、95％未満の場合、一部しか控除できなくなります。
※課税売上割合（消法30⑥、消令48①）＝
（課税売上＋免税売上）／（課税売上＋免税売上＋非課税売上）

・**ステップ3**：確定申告書に控除対象仕入税額（国税7.8％分）を計算します。さらに「22/78」を乗じて、地方消費税を計算します。

■**ところで「適格請求書発行事業者登録制度」……って、何？**

次ページの図に沿って説明すると、消費税の確定申告にあたって、買主は、お客さんから受け取った消費税の合計額から、仕入れ先や外注先（売主）に支払った消費税の合計額を差し引いて、残額を国等に納めることになります。

この差し引かれる金額＝「控除対象仕入税額」の考え（消法30①）が、より重要になってきます。適格請求書発行事業者になるための登録制度が「適格請求書発行事業者登録制度」です。そして、適格請求書発行事業者

（売主）は、取引先（買主）から要求されたときは、適格請求書（＝インボイス）を交付することが義務づけられています（消法57の4①④、インボイス通達3-17）。

　ここで、適格請求書（インボイス）とは、売主（請求書を発行する側）が買主（請求書を受領する側）に対して、適格請求書発行事業者の登録番号や税率ごとの消費税額、適用税率を明記した請求書です（P.137参照）。
　なお、請求書ではなくても、一定の記載要件を満たしていれば、領収書や仕入明細書でも適格請求書として扱うことができます。

　適格請求書発行事業者となるには、まず適格請求書の記載事項を確認したうえで、ひな型を決定するなどの事前準備が必要でした。「適格請求書発行事業者登録制度」は2021年10月より登録申請を受け付けており、同制度が開始される2023年10月1日から適格請求書発行事業者登録を受けるためには、原則、2023年3月31日までに登録申請を済ませる必要がありました（平成28年改正法附則44④、インボイス通達5-1）。

➡Q93（P.156）に挑戦！

　なお、仕入税額控除の計算体系は本則上、**個別対応方式**（消法30②一、③）と**一括比例配分方式**（消法30②二、④）がありますが、次の第30話で

説明する特例「簡易課税制度」（P.152参照）もあり、紙面の関係上、紹介に留めることにします。

　ちなみに「登録」は、必ずしも課税事業者に義務づけられているわけではなく、適格請求書を発行する必要のない課税事業者は、あえて登録する必要はありません。

　また、登録申請が完了した後の登録番号は、法人番号を有する法人と法人番号のない個人事業者・人格のない社団等に区分して構成されています（インボイス通達2-3、インボイスQ&A問19）。

　登録番号の確認問題も出てきますが、国税庁のホームページにおいて登録後速やかに公表されます（消法57の２の④、消令70の５②）。

登録の準備を始めよう（2021年10月より）

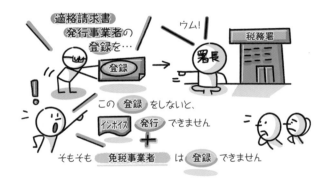

➡Q94（P.156）に挑戦！

■忘れてはいけない「消費税額の端数処理」

　消費税の端数は、積もり積もって大きな金額になります。端数処理を切り口に、実務面について解説しましょう。

　まず、課税事業者の経理実務についてお話しします。本来、一致するはずの経理システム上の数値とExcel上の数値が一致しない場合、その差異の内容を把握するのに経理部門で四苦八苦する場合があります。

　たいていは、営業部門など他部門のいい加減な処理が原因です。特に、消費税実務では、端数処理が原因となることがよくあります。

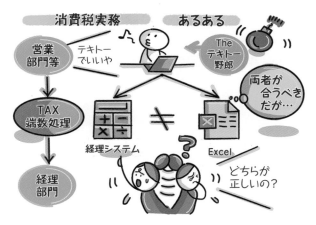

　請求書における消費税の端数処理にはルールがあります。現行制度では、第28話（P.144）で紹介した軽減税率制度によって消費税が8％と10％の商品が混在していますが、税率ごとに端数処理を1回ずつ行なうことが求められており、個々の商品ごとに消費税額を計算することは認められていません。

　また、適格請求書の記載内容にも、登録番号の記載の他、税率ごとに合計額を記載する等のルールが設けられています（消法57の4①、消令70の10）。

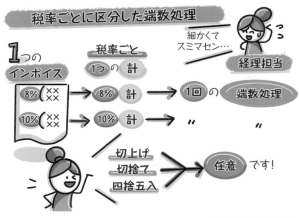

➡Q95（P.157）に挑戦！

■消費税額の端数処理と申告書作成時の税額の計算方法

　消費税申告書を作成する際の税額の計算方法ですが、**割戻方式**と**積上方式**の2つの方式があります。割戻方式とは、税込の取引金額合計から割り戻して税額を算出する方法です。他方、積上方式とは、インボイス等に記載された消費税額を積み上げて税額を算出する方法です。

　例えば、端数切捨て処理を行なっている場合、積上方式に比べて割戻方式で算出した税額が大きくなるので、**割戻方式は仕入税額の計算で有利、積上方式は売上税額の計算で有利**になります。

➡Q96（P.157）に挑戦！

　売上税額の計算は割戻方式が原則ですが（消法45①）、インボイス記載税額を積み上げて計算することも認められます（消法45⑤、消令62）。

　仕入税額の計算は、インボイス記載税額を積み上げて計算する積上方式が原則とされていますが（消法30①、消令46①一～五）、割戻計算も特例で認められます（消令46③）。

　ただし、<u>売上税額の計算で積上方式を採用している場合は、仕入税額の計算で割戻方式を採用することは認められないので注意が必要です</u>（インボイス通達3-13、4-3）。

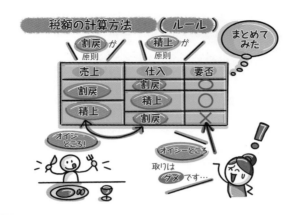

(売上税額の計算)

・**総額割戻方式**：原則

　税率の異なるごとに区分した税込課税売上高を割り戻して課税標準額を計算し、それぞれに税率を乗じて、課税標準額に対する消費税額を計算します（消法45①）。

・**適格請求書積上方式**：特例

　適格請求書(インボイス)等に記載した消費税額を積み上げて、課税標準額に対する消費税額を計算することができます（消法45⑤、消令62）。

(仕入税額の計算)

・**適格請求書等積上方式**：原則

　適格請求書（インボイス）に記載された消費税額を積み上げて、課税仕入れに係る消費税額を計算します（消法30①、消令46①一～五）。

・**総額割戻方式**：特例※

　売上税額の計算で、「総額割戻方式」を採用している事業者は、税込課税仕入高を割り戻して、仕入税額を計算することができます（消令46③）。

※他の特例としては、**帳簿積上方式**（消令46②）があります。

➡Q97（P.157）に挑戦！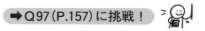

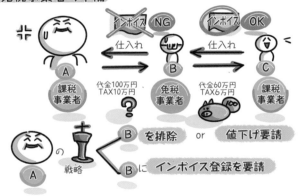

免税事業者の準備

第30話 できるだけラクしたい！
簡易課税制度って、どこが「簡易」なの？

■原則課税と簡易課税

　免税事業者（下図ではBさん）がインボイスの発行事業者（課税事業者）になる場合、従来の制度上（2023年度税制改正の前）、原則課税（消法30①）と簡易課税（消法37①）の2パターンがありました。

➡Q98（P.157）に挑戦！

　まず、次ページ図の上段を見てください。法定事項が記載された帳簿（法定帳簿）の保存が仕入税額控除の要件とされています（消法30①⑦）。その法定帳簿とは別に保存が義務づけられている書類（法定書類）は、仕入明細書や仕入計算書等であり、それらに法定事項が記載され、相手方の確認を受けたものについては、仕入税額控除の証明書類として認めることとしています（消法30⑧⑨）。

　次に、同図の下段を見てください。簡易課税制度とは、実際の課税仕入れ等の税額を無視して、課税売上高から仕入税額控除を計算する方法です（消法37、消令57、消基通13-2-4）。この計算方法は、中小企業者の事務負担を軽減するための救済措置として設けられている制度です。

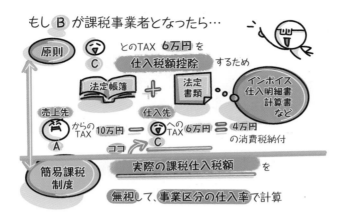

もし **B** が課税事業者となったら…

➡ Q99（P.157）に挑戦！

■簡易課税制度の計算方法

　簡易課税制度を採用する場合、下図のように控除対象仕入税額の計算の基礎となる消費税額（この例の場合では、売上先である買主Aから預かった消費税10万円）を基礎税額として、その基礎税額に右下一覧の事業区分に掲げるそれぞれの仕入率を乗じて計算します（消令57①）。

　例えば、第5種事業の「サービス業等」に区分された事業者は、仕入率を50％として計算します。したがって、基礎税額10万円に仕入率50％を乗じた5万円が控除対象仕入税額になります（消令57⑤四、消基通13-2-4）。

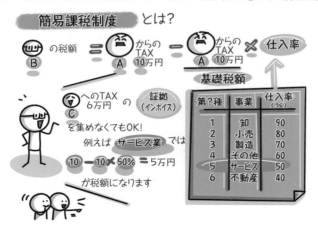

第?種	事業	仕入率(%)
1	卸	90
2	小売	80
3	製造	70
4	その他	60
5	サービス	50
6	不動産	40

➡ Q100（P.158）に挑戦！

■原則課税と簡易課税の２パターンに「２割特例」を加えた３パターン

2023年度の税制改正では、先ほど説明した原則課税と簡易課税の２パターン（P.153）に、新メニューの「２割特例」がさらに加わって３パターンになりました。

2割特例とは、「一定の小規模事業者であるインボイス発行事業者は、消費税の納付税額を売上に係る消費税額の２割の金額とすることができること」です。

この特例が設けられたことによって、消費税の実務がより複雑になりました。と同時に、制度の「選択ミスのリスク」が高くなったといえます。逆にいえば、選択を誤ると、税理士には賠償責任が発生する可能性があるということです。

➡ Q101（P.158）に挑戦！

【Q86】　販売100万円に対し、消費者から10万円の消費税分を預かり、仕入れ60万円に対し、問屋（売主）に6万円の消費税分を払い、税務署には10万円から6万円を差し引いた4万円を納税するケースを考えます。この6万円を控除することを、なんというでしょうか？

→ヒントはP.137、答えはP.187

　A：基礎控除

　B：仕入税額控除

　C：寄附金控除

　D：人的控除

【Q87】　販売100万円に対し、消費者から10万円の消費税分を預かり、仕入れ60万円に対し、問屋（売主）に6万円の消費税分を支払うケースを考えます。2023年10月からのインボイスの導入後、売主からインボイスが「届く場合」と「届かない場合」、それぞれ買主の税負担はいくらになるでしょうか？

→ヒントはP.137、答えはP.187

　A：届く場合＝4万円、届かない場合＝6万円

　B：届く場合＝4万円、届かない場合＝10万円

　C：届く場合＝6万円、届かない場合＝6万円

　D：届く場合＝6万円、届かない場合＝10万円

【Q88】　「取引規模が大きな事業者だけ消費税を負担していて、零細事業者は消費税を免除されている」というイメージを持っていらっしゃる方が多いのではないでしょうか。では具体的に「事業者免税点（その金額以下であれば、消費税の納税義務が免除される売上高の金額）」はいくらになるでしょうか？

　A：1,000万円

　B：3,000万円　　　　　　　　　　　　　　**→ヒントはP.138、答えはP.187**

　C：5,000万円

　D：1億円

【Q89】　買主が事業者の場合（B to B：Business to Business）と、買主が消費者の場合（B to C：Business to Consumer）で、インボイスが「いる」「いらない」が分かれます。次のうち、インボイスが"基本"「いる」「いらない」の正しい組合せは、どれでしょうか？　**→ヒントはP.140、答えはP.187**

　A：B to B＝いる、 B to C＝いらない

　B：B to B＝いる、 B to C＝いる

　C：B to B＝いらない、 B to C＝いる

　D：B to B＝いらない、 B to C＝いらない

【Q90】 2023年10月から開始されたインボイス制度。「売主」にとって、自身が「課税事業者」か「免税事業者」か、買主が「消費者」か「事業者」かによって、対応が大きく異なります。一般的に売主にとって、一番影響のあるケースは、次のうち、どれでしょうか？ →ヒントはP.141、答えはP.187
　　　A：売主自身＝課税事業者、相手の買主＝消費者
　　　B：売主自身＝免税事業者、相手の買主＝消費者
　　　C：売主自身＝課税事業者、相手の買主＝事業者
　　　D：売主自身＝免税事業者、相手の買主＝事業者

【Q91】 消費税法上、課税対象は「国内課税取引」と「輸入取引」です。次のうち、消費税が課税されない取引は、どれでしょうか？ →ヒントはP.143、答えはP.187
　　　A：サラリーマンが行なう取引
　　　B：無償の取引
　　　C：土地の譲渡
　　　D：A〜Cのすべて

【Q92】 2019年10月１日に消費税率が８％から10％に引き上げられると同時に、軽減税率制度が導入されました。次の軽減税率（８％）と一般税率（10％）の組合せのうち、間違った組合せは、どれでしょうか？
　　　A：飲食料品―８％　　　　　　　　　→ヒントはP.144、答えはP.187
　　　B：新聞―８％
　　　C：酒類―８％
　　　D：外食―10％

【Q93】 消費税の確定申告にあたって、買主は、お客さんから受け取った消費税の合計額から、仕入れ先や外注先（売主）に支払った消費税額の合計額を差し引いて、残額を国等に納めることとなりますが、この差し引かれる金額＝「控除対象仕入税額」の考えがポイントです。インボイス発行事業者になるための登録制度が「適格請求書発行事業者登録制度」ですが、当制度における売主の義務で最も関連するのは、どれでしょうか？
　　　A：インボイス事業者への「登録義務」　　→ヒントはP.147、答えはP.188
　　　B：インボイスの「交付義務」
　　　C：商取引の「忠実義務」
　　　D：商取引の「善管注意義務」

【Q94】 もし、売主がインボイス事業者になる場合は、適格請求書の記載事項を確認したうえで、ひな型を決定するなどの事前準備が必要となります。「適格請求書発行事業者登録制度」は、いつから受付を開始していたでしょうか？
　　　A：2021年３月　　　　　　　　　　　→ヒントはP.148、答えはP.188
　　　B：2021年10月
　　　C：2023年３月
　　　D：2023年10月

【Q95】　請求書における消費税の端数処理にはルールがあります。現行制度では、消費税が８％と10％の商品が混在していますが、税率ごとに端数処理を１回ずつ行なうことが求められており、個々の商品ごとに消費税額を計算することは認められていません。端数処理のルールで正しいのは、次のうち、どれでしょうか？

　　A：切上げ　　　　　　　　　　　　　**→ヒントはP.149、答えはP.188**
　　B：切捨て
　　C：四捨五入
　　D：任意

【Q96】　消費税申告書を作成する際の税額の計算方法には、「割戻方式」と「積上方式」の２つの方式があります。割戻方式とは、税込の取引金額合計から割り戻して税額を算出する方法です。一方、積上方式とは、インボイス等に記載された消費税額を積み上げて税額を算出する方法です。もし、端数処理で「切捨て」を選択した場合、仕入取引と売上取引で、それぞれ「最も有利な方式」の組合せは、次のうち、どれでしょうか？　　**→ヒントはP.150、答えはP.188**

　　A：仕入取引＝割戻方式、売上取引＝割戻方式
　　B：仕入取引＝積上方式、売上取引＝割戻方式
　　C：仕入取引＝割戻方式、売上取引＝積上方式
　　D：仕入取引＝積上方式、売上取引＝積上方式

【Q97】　仕入取引と売上取引の消費税額の計算方法には、「割戻方式」と「積上方式」がありますが、消費税額の計算方法（ルール）で「認められていない方法」は、次のうち、どれでしょうか？　　**→ヒントはP.150、答えはP.188**

　　A：仕入取引＝割戻方式、売上取引＝割戻方式
　　B：仕入取引＝積上方式、売上取引＝割戻方式
　　C：仕入取引＝割戻方式、売上取引＝積上方式
　　D：仕入取引＝積上方式、売上取引＝積上方式

【Q98】　インボイス制度対応で、課税事業者の「買主」である場合を想定します。取引先の「売主」が免税事業者のため、仕入税額控除をしたくてもできない場合、「買主」の「取り得る選択」は、次のうち、どれでしょうか？

　　A：免税事業者である「売主」を取引から排除　**→ヒントはP.152、答えはP.188**
　　B：免税事業者である「売主」に値下げ要求
　　C：免税事業者である「売主」にインボイス登録を要請
　　D：A～Cのすべて

【Q99】　免税事業者の「売主」である場合を想定します。新たにインボイス登録を行なったうえで「簡易課税制度」を選択した場合、「原則課税」と比較して事務軽減される書類は、次のうち、どれでしょうか？　　**→ヒントはP.153、答えはP.188**

　　A：インボイス
　　B：仕入明細書
　　C：仕入計算書

D：A～Cのすべて

【Q100】　簡易課税制度とは、実際の課税仕入れ等の税額を無視して、課税売上高から仕入税額控除を計算する方法で、控除対象仕入税額の計算の基礎となる消費税額を基礎税額として、それぞれの仕入率を乗じて計算します。業種別に仕入率が異なりますが、「間違った組合せ」は、次のうち、どれでしょうか？
　　　A：卸売業（第1種）―90%　　　　　　→ヒントはP.153、答えはP.189
　　　B：小売業（第2種）―80%
　　　C：製造業（第3種）―70%
　　　D：サービス業（第5種）―60%

【Q101】　2023年度の税制改正では、従来の「原則課税」「簡易課税」の2パターンに、「2割特例」が加わり3パターンになりました。2割特例とは、「一定の小規模事業者であるインボイス発行事業者は、消費税の納付税額を売上に係る消費税額の「一定割合」の金額とすることができる制度です。「一定割合」とは、何パーセントでしょうか？　→ヒントはP.154、答えはP.189
　　　A：10%
　　　B：20%
　　　C：30%
　　　D：40%

補　講

税務周辺の
デジタル関連の知識も
身につけておこう

第31話 インボイス後の税制改正って、どうなるの？ ～電子帳簿保存法改正など

■インボイス後の税制改正も気を抜けない！

　2023年10月１日から、消費税法改正によるインボイス制度が導入されました。このインボイス制度のインパクトが強すぎて、今後控えている**電子帳簿保存法の改正**や**デジタルインボイス**など、ＤＸまで見据えた「**デジタル化**」対応が霞んで見えますが、実は相当厄介です。本話では、これらについて簡単に説明していきましょう。

■デジタイゼーションとデジタライゼーション

　デジタイゼーションとデジタライゼーションは、日本語に翻訳するといずれも「デジタル化」。でも、両者は大きく異なります。

・デジタイゼーション （Digitization）
　単なる電子化。例えば、紙の請求書を「デジタル化」することです。
・デジタライゼーション （Digitalization）

その意味合いの幅は広く、「デジタル処理」を前提とした業務処理、データの利活用のことです。例えば、請求書データをファイルに出力することなく債権処理や財務処理に連動させることなどが含まれます。

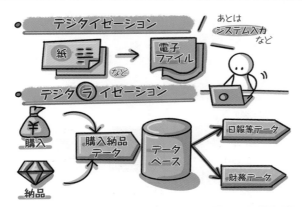

➡Q102（P.172）に挑戦！

デジタイゼーションより進んだデジタライゼーションは「個別」が対象ですが、もっと進化したDX（デジタルトランスフォーメーション：Digital Transformation）は「組織横断／全体」が対象になります。最終的に、日本の国や地方自治体全体がデータでつながることが構想されています。

➡Q103（P.172）に挑戦！

■電子帳簿保存法とは？

ここでは、電子帳簿保存法のポイントについて図解を用いて簡潔に説明していきます。

まず結論ですが、2024年1月1日より全事業者は、電子取引を紙で保存できなくなります。しかも単に紙をスキャナで取り込んでデータ化してもダメで、データ保存の検索要件が必要になります。

➡Q104（P.172）に挑戦！

次に、電子帳簿保存法の改正の経緯を説明しましょう。2021年度税制改正により、2022年1月1日以降に授受した電子取引データの保存について、紙出力が認められない予定でした（電規4③）。

しかし実務上の大混乱が予想されたため、2022年度税制改正により、2年間の宥恕措置が整備されました（電規4③読み替え等）。つまり、2年間延期になったわけです。よって、この2022年1月～2023年12月の2年間の間に、改正電子帳簿保存法の対応準備が必須となりました。

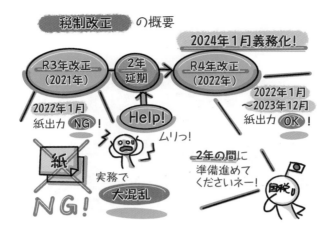

■電子取引だけデータ保存が義務化される

　電子帳簿保存法における保存区分（電帳法４）について説明していきましょう。主な保存区分は、①〜③の区分に分けられ、すべての事業者にとって義務化されるのは③のみです。①と②は義務化ではないということですね。

---

①**電子帳簿保存**
　電子的に作成した帳簿・書類をデータのまま保存（電帳法４①、電規２①）

②**スキャナ保存**
　紙で受領・作成した書類を画像データで保存（電帳法４③、電規２④）

③**電子取引**
　電子的に授受した取引情報をデータで保存（電帳法７、電帳法２①五、電通達2-2）

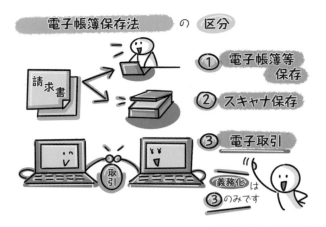

➡Q105（P.172）に挑戦！

■電子取引とは？

　ところで、"電子取引"とは何でしょうか？　この判別ノウハウは経理実務担当者にとって実務運用上、様々なケースを経験して蓄積するしかありません。ただ外せないポイントがあります。

　それは、"**紙を媒介する取引か否か？**"です。

　つまり、紙を媒介しない取引のみが"電子取引"に該当し、**紙を媒介する場合は電子取引ではないため、"電子取引保存義務はない"**ということです。

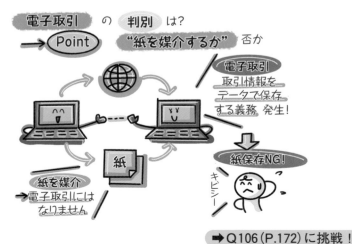

➡Q106（P.172）に挑戦！

では、電子取引の判別の簡単なテストをしてみましょう。コンビニで買い物をし、代金決済を交通系ICカードで行なった場合を考えてみましょう。この場合は、電子取引に該当するでしょうか？

　「『電子決済』と呼ばれているので、電子取引ではないかなぁ……」

　「ハズレ‼　代金決済を交通系ICカードで行なった場合でも、レシートは紙で出てきて、店員さんから渡されますよね。よって、電子取引にはなりません」（電通達2-2、一問一答〔電子取引〕問4）

■「電子取引の保存2要件」とは？

　電子取引の取引情報は、次の2つの要件を満たさなければなりません。

・真実性の要件：データ改ざんのおそれがないか？（電規4①一～四）
・可視性の要件：誰もが確認できるデータか？（電通達4-6、4-7、4-14）

➡ Q108（P.173）に挑戦！

■真実性の要件とは？

　真実性の要件を確保するためには、次の項目①〜④のうち、１つをクリアする必要があります（電規４①一〜四）。

①取引先にタイムスタンプを付与してもらう
②自社でタイムスタンプを付与する
③記録の訂正、削除をした場合に履歴が残るシステムで保管する
④自社独自の事務処理規程を定め、その規程に沿った運用を行なう

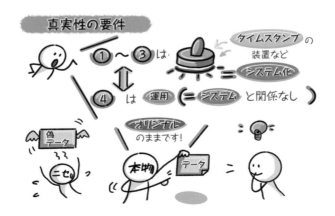

①～③はタイムスタンプ等の装置が必要で、システムの導入によって対応することになります（電規４①一～三）。システムを導入しない場合は、④のように訂正・削除の防止に関する規程を作成して運用すること（規程作成）が考えられます（電規４①四）。➡ Q109（P.173）に挑戦！

■可視性の要件とは？

　可視性の要件とは、誰もが確認できる要件をいいます。可視性は、見読^{けんどく}性、視認性、可読性とも呼ばれ、整然とした形式、明瞭な状態でデータが格納され、速やかにプリントアウトできる状態のことをいいます（電通達4-6、4-7、4-14）。また、検索要件も定められており、以下の記録項目により検索できるという要件も満たす必要があります。

> ①取引年月日
> ②取引金額
> ③取引先

　また、可視性の要件は、実際の税務調査のときに電子取引文書（取引情報）を紙と同じように取り扱えるようにする要件でもあり、目視、検索、印刷できることがポイントになります（電通達4-14）。

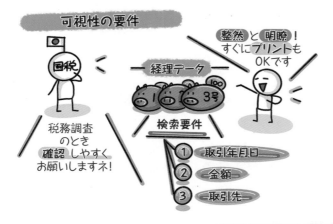

➡ Q110（P.173）に挑戦！

可視性の要件を満たすには、何か特別なシステムの導入が必要になるのでしょうか？

　通常、パソコンのWindowsのフォルダ管理機能でも対応可能です。フォルダを階層ごとに管理し、例えば、第1階層に年月別、第2階層に取引先別のフォルダを準備し、各ファイル名に金額を付けてフォルダ管理することで、検索操作で探したいファイルにたどり着けるということです。

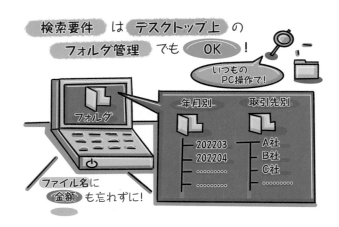

■ざっくりわかる「デジタルインボイス」

　2023年10月から始まったインボイス制度において、インボイスはデジタルで保存することができます（消法30⑨、消令50①）。このデジタル保存のしくみの一部を標準化したものが「デジタルインボイス」になります。そして、デジタル技術上、デジタルインボイスを実現可能にさせる標準仕様は、「ペポル（Peppol：Pan European Public Procurement Online）」と呼ばれています。また、仕入税額控除を行なうための要件（消規15の5）となっています。

　デジタル庁の説明資料によれば、ペポルとは、電子文書をネットワーク上でやり取りするための「文書仕様」「運用ルール」「ネットワーク」のグローバルな標準仕様と説明されています。電子メールを例にして説明します。

まず、電子メールのしくみについて説明しましょう。新しいスマホを購入したとか、メールアドレスが変わった場合にやらなければいけないのが、メールソフト（メールアプリ）のアカウント設定です。その設定時に出てくるのが、以下のSMTPとPOPです。

・SMTP（Simple Mail Transfer Protocol）：メールを送信するしくみ
・POP（Post Office Protocol）：メールを受信するしくみ

　この２つの用語の意味がわかれば、電子メールのしくみもイメージができるのではないでしょうか。下の図で「擬人化」してみました。

　次に、電子メールのしくみをデジタルインボイスに当てはめてみましょう。次ページのマトリックス図をご覧ください。

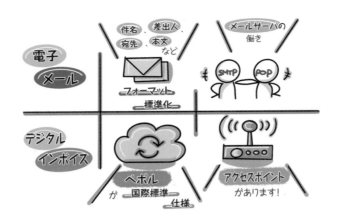

　第1に、電子メールのフォーマットは標準化されています。つまり、「件名」「差出人」「宛先」「本文」など必要な構造が標準化されていれば、電子メールを送受信することができるということです。

　同様に、デジタルインボイスも、ペポル（Peppol）と呼ばれる国際標準仕様で標準化されていれば、デジタルインボイスのやり取りができるということです。厳密には、日本向けは一部修正され「JP PINT」と呼ばれています（ピンと〔PINT〕きましたか？）。

　第2に、電子メールのＳＭＴＰとＰＯＰのメールサーバの働きに似た動きが、デジタルインボイスでは「アクセスポイント」を使って行なわれます。

　電子メールとの相違をご理解いただいたところで、改めて「デジタルインボイス」を実現するペポル（Peppol）について説明しましょう。次ページの図では、ペポル（Peppol）は「売主」「売主のアクセスポイント」「買主」「買主のアクセスポイント」の「４コーナーモデル」と呼ばれるしくみを採用し、売主と買主は各々のインターフェース（パソコン等の操作画面）を見ながら処理が可能となっています。

　また、デジタルインボイスのやり取りは、電子帳簿保存法の電子取引（電帳法2三）と同じ内容になります（消法30⑦⑨）。

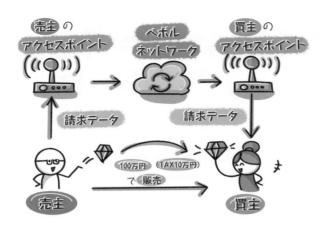

➡ Q111（P.173）に挑戦！

いよいよ最後！
補講の税金クイズです
最後までお読みいただき
ありがとうございました!!

【Q102】　デジタイゼーション（Digitization）とデジタライゼーション（Digitalization）は、日本語に翻訳すると、いずれも「デジタル化」ですが、両者は大きく異なります。単なる電子化で、例えば、紙の請求書を「デジタル化」することは、どちらになるでしょうか？　→ヒントはP.161、答えはP.189

　　A：デジタイゼーション　（Digitization）
　　B：デジタライゼーション　（Digitalization）

【Q103】　デジタイゼーション（Digitization）やデジタライゼーション（Digitalization）よりも進化したＤＸ（デジタルトランスフォーメーション：Digital Transformation）は、「組織横断／全体」が対象になります。では、「ＤＸの個別版」は、次のうち、どちらになるでしょうか？

　　A：デジタイゼーション（Digitization）　　　→ヒントはP.161、答えはP.189
　　B：デジタライゼーション（Digitalization）

【Q104】　改正電子帳簿保存法により全事業者は、電子取引を紙で保存できなくなり、単に紙をスキャナで取り込んでデータ化してもダメで、データ保存の検索要件が必要になります。この規定は、いつから適用になるでしょうか？

　　A：2023年４月　　　　　　　　　　　　　　→ヒントはP.162、答えはP.189
　　B：2023年10月
　　C：2024年１月
　　D：2024年４月

【Q105】　電子帳簿保存法における保存区分は、「電子帳簿保存」「スキャナ保存」「電子取引」の３つに区分されますが、2021年度の税制改正により義務化されたのは、次のうち、どれでしょうか？　→ヒントはP.163、答えはP.189

　　A：電子帳簿保存
　　B：スキャナ保存
　　C：電子取引
　　D：A～Cのすべて

【Q106】　電子取引は「○○を媒介する取引か否かで判別する」といわれていますが、○○とは、次のうち、どれでしょうか？　→ヒントはP.164、答えはP.189

　　A：電子マネー
　　B：ＦＢ（ファームバンキング）データ
　　C：銀行取引
　　D：紙

【Q107】　コンビニで買い物をし、代金決済を交通系ＩＣカードで行なった場合（レシートは紙で出てくる）は、電子取引に該当するでしょうか？
　　　Ａ：電子取引に該当する　　　　　　　　→ヒントはP.165、答えはP.189
　　　Ｂ：電子取引に該当しない

【Q108】　電子帳簿保存法等において、電子取引では「電子取引の保存２要件」が求められています。改ざんされていないという「真実性の要件」の他に、どのような要件が求められているでしょうか？　→ヒントはP.166、答えはP.189
　　　Ａ：正規の簿記の要件
　　　Ｂ：明瞭性の要件
　　　Ｃ：可視性の要件
　　　Ｄ：保守主義の要件

【Q109】　電子取引において求められている「真実性の要件」を確保するために、次の４つの選択肢のうち、必ずしも「システム導入による対応」が必要でないのは、どれでしょうか？　→ヒントはP.167、答えはP.190
　　　Ａ：取引先にタイムスタンプを付与してもらう
　　　Ｂ：自社でタイムスタンプを付与する
　　　Ｃ：記録の訂正、削除をした場合に履歴が残るシステムで保管する
　　　Ｄ：自社独自の事務処理規程を定め、その規程に沿った運用を行なう

【Q110】　電子取引において求められている「可視性の要件」とは、誰もが確認できる要件をいい、見読可能性とも呼ばれ、整然とした形式、明瞭な状態でデータが格納され、速やかにプリントアウトできる状態のことをいいます。また、検索要件も定められていますが、検索要件として妥当なのは、次のうち、どれでしょうか？
　　　Ａ：取引年月日　　　　　　　　　　　　→ヒントはP.167、答えはP.190
　　　Ｂ：取引金額
　　　Ｃ：取引先
　　　Ｄ：Ａ〜Ｃのすべて

【Q111】　2023年10月から始まったインボイス制度において、インボイスはデジタルで保存することができますが、このデジタル保存のしくみの一部を標準化したものが「デジタルインボイス」です。デジタル技術上、デジタルインボイスを実現可能にさせる「標準仕様」は、何と呼ばれているでしょうか？
　　　Ａ：メトロ　　　　　　　　　　→ヒントはP.168、P.170、答えはP.190
　　　Ｂ：メトポ
　　　Ｃ：ペポル
　　　Ｄ：ポポロ

索　引

※カッコ内は本文中のページ番号です

■ 1 限目（問題は P.32〜P.34）

[Q1]　D：約50種類
　　解説：納税者に「公平」と感じてもらうため、多くの税金を組み合わせて課税され
　　　　ています。（→P.16）

[Q2]　C：自動車税
　　解説：国税四法の残りの税目は「消費税」です。（→P.17）

[Q3]　A：所得税・住民税
　　解説：残りの税目（B、C、D）は、納税者と担税者が異なる「間接税」になりま
　　　　す。（→P.18）

[Q4]　B：相続税
　　解説：他にも「法人税」等が国税になります。残りの選択肢（A、C、D）は、地
　　　　方公共団体が集める税「地方税」になります。（→P.19）

[Q5]　B：消費税
　　解説：国税の消費税と区別して「地方消費税」と呼ばれることもあります。（→P.21）

[Q6]　C：厚生年金保険法—フリーランス
　　解説：厚生年金に加入するのは「サラリーマン」です。（→P.23）

[Q7]　D：サラリーマンの配偶者
　　解説：ちなみに、公務員は「第2号」に分類されています。（→P.24）

[Q8]　A：社会保険料控除
　　解説：ちなみに、「B：生命保険料控除」は「民間」の年金保険の控除ですが、い
　　　　くら保険料を支払っても最高12万円。節税額でいうと"ほんの数万円レベル"
　　　　のお話です。（→P.26）

[Q9]　C：法人税—資産課税
　　解説：「法人税」は所得税同様、「所得課税」に分類されます。（→P.28）

[Q10]　B：相続税—応益原則
　　解説：「相続税」は所得税同様、「応能原則」という考え方で、「累進課税」されます。
　　　　　　　　　　　　　　　　　　　　　　　　　　　　　　　（→P.29）

[Q11]　C：毎年12月中旬
　　解説：ちなみに、2024年度の税制改正大綱が自由民主党と公明党から公表されたの
　　　　は、2023年12月14日でした。（→P.30）

〔Q12〕　B：基本通達

　　解説：実務は基本通達の影響を大きく受けますが、そもそも基本通達は法令ではありません。（→ P.37、P.40）

〔Q13〕　A：租税法律主義

　　解説：租税法律主義の考え方は、近代の税の基本ルールです。（→ P.37）

〔Q14〕　D：A～Cのすべて

　　解説：課税によって、これらの納税者の権利が脅かされたら絶対にいけません！
　　　　　　　　　　　　　　　　　　　　　　　　　　　　　　　　　（→ P.38、P.39）

〔Q15〕　D：A～Cのすべて

　　解説：他にも29条―財産権などが日本国憲法で定められています。（→ P.38、P.39）

〔Q16〕　A：国税通則法

　　解説：国税通則法は、国税に共通する一般的な事項を規定しています。（→ P.40）

〔Q17〕　C：施行令

　　解説：ちなみに、「D：施行規則」は、さらに細かい手続きを規定しています。
　　　　　　　　　　　　　　　　　　　　　　　　　　　　　　　　　　　（→ P.40）

〔Q18〕　B："時限立法"―租税特別措置法

　　解説：この考えを「特別法優先の原則」といいます。（→ P.41）

〔Q19〕　B：イギリス

　　解説：当時のマーガレット・サッチャー首相が導入しましたが、国民の反感を買いました。（→ P.42）

〔Q20〕　D：明治時代以降

　　解説：人頭税が存在したのは、沖縄県八重山諸島。明治時代の1903年に廃止されました。（→ P.44）

〔Q21〕　C：1989年

　　解説：「消費税は貧しい人もお金持ちとあまり変わらない税額を負担することになる」という考え方も存在し、この考え方の場合、給料の高い人には高い税を、低い人には低い税をという「公平」の考えが通用しない税金といえます。
　　　　　　　　　　　　　　　　　　　　　　　　　　　　　　　　　　　（→ P.45）

〔Q22〕　A：弥生時代

　　解説：日本では、邪馬台国の時代から税が始まったといわれています。（→ P.46）

〔Q23〕　B：飛鳥時代

　　解説：701年、大宝律令の制定によって、国の役所のしくみが整えられ、都に税が

集められるようになりました。（→P.47）

［Q24］　A：3％
　　解説：現在の消費税率と比べると、3％という租の税率は軽いように思えるかもしれません。しかし、庸・調は自分たちで都まで運ばなくてはならず、地方に住む人々にとって重い負担でした。加えて、労役という土木工事などの労働や、兵役も課せられました。（→P.48）

［Q25］　B：墾田永年私財法
　　解説：当時の朝廷の思惑に反して、新たに開墾しようとした農民はわずか。開墾できたのは、財力のある貴族や寺社だったのです。こうして開墾された土地は、平安時代には「荘園」と呼ばれるようになります。農民は、貴族や寺社が所有する荘園の領主に、夫役や年貢という形で税を納めました。（→P.48）

［Q26］　D：約70％
　　解説：「二公一民」と呼ばれ、生産量の3分の2である約70％が年貢として徴収されました。（→P.49）

［Q27］　A：3％
　　解説：当時は「地租」と「酒税」が、明治政府の主な税収でした。（→P.50、P.51）

［Q28］　C：教育
　　解説：特に「法律」が重要でした。不平等条約を解消するため、憲法をつくり、民法などの法律を整備することが緊急の課題でした。（→P.51）

［Q29］　D：酒税
　　解説：農業収益以外の商工業収益も増え始めていたなかで、税負担の均衡化を図る目的があり、1887年に所得税法を創設。1918年に所得税が税収1位になりました。（→P.52）

［Q30］　B：所得税→相続税→法人税→消費税
　　解説：特に、所得税の創設当時は、海軍費を中心とした国家経費の増大があって、その財源を確保する必要がありました。そこで、大日本帝国憲法の前に、明治天皇の勅令で所得税が創設されました。（→P.52）

［Q31］　D：A〜Cのすべて
　　解説：他にも、「防衛—国を守る」ためにも税金が使われます。（→P.53）

［Q32］　C：予算
　　解説：税金には国で使われるものと、地方自治体で使われるものがあります。
（→P.54）

［Q33］　B：財務省
　解説：「概算要求」を財務省が各省庁と調整し、まとめたうえで内閣に提出し、この財務省原案をもとに、12月に内閣が予算案を作成します。（→P.55）

［Q34］　D：暫定予算
　解説：3月末までに予算が成立しないと税金が使えなくなりますので、仮の予算を決めて、支出していきます。この仮の予算を「暫定予算」といいます。
（→P.56）

［Q35］　C：会計検査院
　解説：会計検査院は、国会や内閣、裁判所から独立しており、政府からも指図を受けない機関で、憲法で定められています。（→P.57）

■ 3限目（問題はP.87〜P.90）

［Q36］　B：相続税─法人
　解説：相続税は、「個人」に課税されます。ちなみに、消費税は「個人」と「法人」のいずれにも課税されます。（→P.66）

［Q37］　A：10種類
　解説：ちなみに、日本の税目は約50種類ありますが、これと混同しないようにしましょう。（→P.67）

［Q38］　D：継続的所得
　解説：継続的所得は、「一時的か継続的か？」の視点になります。「もうけるために何をした？」の視点では、働いていないのが「不労所得」「資産所得」に、働いているのが「勤労所得」に区分できます。（→P.68）

［Q39］　C：継続的＝6個、一時的＝4個
　解説：内訳は、次のとおりです。
　継続的所得…利子所得、配当所得、不動産所得、給与所得、事業所得、雑所得
　一時的所得…譲渡所得、退職所得、山林所得、一時所得（→P.68）

［Q40］　C：5〜45％
　解説：ちなみに、戦時中（第二次世界大戦時）は90％まで課税される場合がありました。（→P.69）

［Q41］　B：一時所得
　解説：一時所得は50万円までの特別控除に加え、一時的・偶発的な性質で担税力が低いため、税金も2分の1になる「2分の1課税」が認められています。しかし、最終的に国税側（被告）が勝訴しました。（→P.71）

［Q42］　D：事業所得
　解説：事業所得者の必要経費は、実際に払ったものであれば、その金額を控除でき

ますが、他方、給与所得者には給与所得控除額の上限があることから、この点の不公平さを訴えました。しかし、最終的に国税側（被告）が勝訴しました。（→P.72）

［Q43］ B：年末調整
　解説：源泉徴収と年末調整は、会社の人事部門が行ないます。（→P.75）

［Q44］ C：確定申告
　解説：なお、サラリーマンなどの給与所得者は、原則として確定申告をする必要はありません。毎月給料から所得税が源泉徴収されていて、会社が年末に年末調整を行なうことで、所得税の納税手続きが完了しているからです。
　　　　　　　　　　　　　　　　　　　　　　　　　　　　　　　（→P.75）

［Q45］ D：A～Cのすべて
　解説：「人的控除」は「物的控除」と異なり、すべて年末調整で処理できます。
　　　　　　　　　　　　　　　　　　　　　　　　　　　　　　　（→P.76）

［Q46］ C：19歳～22歳
　解説：この時期は、大学の入学金や授業料、生活費などで何かとお金がかかるためです。（→P.77）

［Q47］ A：雑損控除
　解説：「雑損控除」「医療費控除」「寄附金控除」の3つの物的控除は、年末調整で処理できません。（→P.78）

［Q48］ C：寄附金控除
　解説：ちなみに、「雑損控除」「医療費控除」「寄附金控除」の3つの物的控除は、年末調整で処理できず、確定申告で税金を取り戻す必要があります。
　　　　　　　　　　　　　　　　　　　　　　　　（→P.79、P.82）

［Q49］ C：住宅ローン控除
　解説：住宅ローン控除は、租税特別措置法（措法）で規定されています。ちなみに、「配当控除」と「外国税額控除」の2つは、所得税法で規定されています。
　　　　　　　　　　　　　　　　　　　　　　　　　　　　　　　（→P.79）

［Q50］ D：A～Cのすべて
　解説：ちなみに、医療費控除を受ける際に、「情報提供書」が必要になりますが、「医師免許（耳鼻咽喉科）」だけでは不十分で、「補聴器相談医」の資格を持った医師より「情報提供書」を発行してもらう必要があります。（→P.81）

［Q51］ B：住民税
　解説：ふるさと納税の計算のしくみを理解するには、「所得税」だけでは不十分で、「住民税」の規定も理解する必要があります。（→P.83）

［Q52］ D：A～Cのすべて
　解説：特に、「給与所得・退職所得以外で20万円超」となったケースは要注意です。

このケースとしては、例えば、会社員が副業収入を得ている場合が該当します。（→ P.84）

[Q53]　C：事業所得か雑所得
　解説：事業所得も雑所得も、計算のしくみは基本的には同じですが、損失が生じたときに差が生じます。副業を持つ会社員にとって、区分判定についての国税庁からの発表から目を離せません。（→ P.85）

[Q54]　A：事業所得
　解説：事業所得が損失のとき、他の所得と「損益通算」ができ、損益通算分、所得を減額できますが、雑所得では損益通算が認められていません。（→ P.86）

■ 4限目 （問題は P.108〜P.110）

[Q55]　B：遺贈
　解説：ちなみに、「相続」とは死亡した人（被相続人）の財産を、残された人（相続人）が継承することをいいます。相続税とは、相続や遺贈によって課税財産を取得した場合にかかる税金です。（→ P.92）

[Q56]　C：4,800万円
　解説：計算式は、3,000万円＋600万円×3人＝4,800万円と算出します。（→ P.93）

[Q57]　B：10か月以内
　解説：申告書の提出期限の起点が「相続の開始があったことを知った日の翌日」であることに注意しましょう！（→ P.93）

[Q58]　C：第5章　配当
　解説：正しくは、「第5章　財産分離」になります。（→ P.94）

[Q59]　A：学資積立金
　解説：例えば、「生命保険金」は、保険金受取人の固有財産であり、被相続人から直接継承するものではないので、民法上の本来の相続財産ではありません。しかし、被相続人による保険料振込みにより、保険金の取得という経済的便益を受けていることに着目し、みなし相続財産とされます。「みなし相続財産」の主なものに、他にも「退職手当金」があります。（→ P.95）

[Q60]　A：課税遺産総額
　解説：相続税の計算は大まかには、被相続人からの遺産に税率を乗じて相続税額とする計算のしくみで、次の4つのステップからなります。
　・ステップ1：相続人の各課税財産を合算して「課税遺産総額」を算出する
　・ステップ2：課税遺産総額を再度、「法定相続分」で按分する
　・ステップ3：法定相続分の取得金額に税率をかけ「相続税の総額」を算出する
　・ステップ4：相続税の総額を各人に按分し、「税額控除」を差し引き、各人の納

付税額の計算をして申告書完成！（→P.96）

［Q61］ **D：A～Cのすべて**
　解説：ちなみに、民法にはない「みなし相続財産」も集計するので、注意が必要です。（→P.98）

［Q62］ **B：葬式費用**
　解説：葬式費用も遺族が負担することが一般的で、債務ではありませんが、人の死亡により必然的に発生する費用であるため、控除が認められています。
（→P.98）

［Q63］ **B：第5表（配偶者の税額軽減）―相次相続控除**
　解説：第5表（配偶者の税額軽減）では、「配偶者の税額軽減」を計算し、「相次相続控除」は第7表で計算します。ちなみに、第6表（未成年者の控除等）では、「未成年者控除」と「障害者控除」の両方を計算します。（→P.99）

［Q64］ **D：1億6,000万円**
　解説：税額軽減が行なわれるのは、配偶者が遺産の維持形成に貢献したことに対して配慮する、被相続人の死亡後における配偶者の老後の生活保障を図る等が理由です。なお、この特例は、戸籍謄本、遺言書・遺産分割協議書の写し等を添付して申告した場合にのみ適用され、納税金額ゼロでも申告しなければ控除されませんので注意が必要です。（→P.100）

［Q65］ **C：10年**
　解説：相次相続控除は短期間（「10年」を想定）に相続が2回以上続くと、相続税の負担が重くのしかかることになるため、これを救済するための措置となります。（→P.101）

［Q66］ **C：贈与税**
　解説：贈与税は、相続税と同様、基礎控除額の規定を設けており、その基礎控除額は受贈者1人につき、年間110万円とされており、納税義務者はその贈与があった年の翌年2月1日から3月15日までに、一定の事項を記載した期限内申告書を、納税地の所轄税務署長に提出しなければならないことになっています。（→P.102）

［Q67］ **A：暦年課税分の贈与税額控除**
　解説：「生前贈与加算」のままでは、贈与財産は贈与税と相続税が二重に課税されることになるため、この二重課税を税額控除で調整します。ちなみに、生前贈与加算（暦年課税分の贈与税額控除）の対象期間は7年間です。
（→P.104）

［Q68］ **A：暦年贈与**
　解説：なお、2023年度の税制改正で、A、Bいずれも基礎控除110万円ができるようになりました。（→P.104）

［Q69］ B：相続時精算課税贈与
　解説：相続時精算課税制度を使って贈与した財産は、相続時には精算し相続財産と
　　　　して加算することになります。この制度には、「次世代への資産移転をしや
　　　　すくする狙い」があります。（→P.105）

■ 5限目（問題はP.131～P.134）

［Q70］ B：総勘定元帳
　解説：総勘定元帳は、貸借対照表や損益計算書の作成元資料になります。（→P.112）

［Q71］ B：総勘定元帳
　解説：ざっくり説明すると、総勘定元帳の「課税売上」に係る消費税の金額から
　　　　「課税仕入」に係る消費税の金額を差し引いて、消費税納付額を算出します。
　　　　（→P.113）

［Q72］ C：益金　－　損金
　解説：ちなみに、「収益　－　費用」は会計上の利益（もうけ）の計算式になります。
　　　　（→P.114）

［Q73］ C：債務確定主義
　解説：法人税法上、販売費および一般管理費の計上は、次の債務確定主義の3要件
　　　　によって行なわれます。（→P.115、P.116）
　　　・債務が成立していること
　　　・具体的な給付をすべき原因となる事実が発生していること
　　　・金額を合理的に算定することができるものであること

［Q74］ A：町内会―法人格あり
　解説：「任意団体」とは、法人格のない団体のことで、団体として活動をしていて
　　　　も、実際に契約などを行なう場合には、権利の主体となることができないた
　　　　め、団体の構成員名義で契約を交わします。例えば、町内会やサークル、Ｐ
　　　　ＴＡなどが「任意団体」の典型例です。（→P.117）

［Q75］ D：A～Cのすべて
　解説：法人格が濫用された場合（法人格の濫用）、法人格が否認され、法人の独立
　　　　性（法人の分離原則）を否認するという法理（法人格否認の法理）が使われ
　　　　ます。（→P.118、P.119）

［Q76］ C：2008年
　解説：2008年に制度改革が行なわれ、「公益法人制度改革関連3法（①一般社団、
　　　　財団法人法、②公益法人認定法、③関係法律整備法）」が整備されました。
　　　　（→P.119）

［Q77］ C：社団法人―営利法人
　解説：社団法人は非営利法人です。ちなみに、非営利法人は「利益を得てはいけな
　　　　い」と思われがちですが、そんなことはありません。例えば、ボランティア
　　　　でやっているのだから、お金を払って人を雇ってはいけないというわけでは

なく、給与を払って人を雇うことができます。ただし、非営利法人の収益は、構成員に分配するのではなく、その団体の目的を達成するために使っていきます。（→P.120）

[Q78] **A：議決権**
　解説：その他の「配当を受ける権利」と「残余財産を受ける権利」は、営利に関するので禁止されています。（→P.121）

[Q79] **C：税法上のメリットが一部あり**
　解説：一般社団法人と株式会社を比較したうえで、ＮＰＯ法人において、最低設立者数は「最大」の10人、設立期間（目安）は「最長」の5〜6か月と、設立に手間がかかる分、税務上のメリットも受けることができるとともに、社会的信用も高いといえます。（→P.122）

[Q80] **B：非営利型社団法人とＮＰＯ法人**
　解説：ちなみに、税務上の取り扱いから、一般社団法人には「共益活動型」の一般社団法人もあり、非営利型および共益活動型の一般社団法人は、ＮＰＯ法人と同様に、収益事業にのみ課税され、寄附金や会費収入等の公共事業については非課税です。他方、非営利型でも共益活動型でもない一般社団法人については、株式会社などの営利法人と同様に、寄附金や会費収入も含めたすべての所得が課税対象となります。（→P.123）

[Q81] **D：所得税額控除**
　解説：一般的に所得税は個人にかかる税金ですが、会社が受け取る預金利息や配当金については、所得税が源泉徴収されています。この源泉徴収された所得税は、会社が法人税の申告をする際に差し引くことができます。（→P.124）

[Q82] **B：別表4─所得の金額の計算に関する明細書**
　解説：所得金額の計算は、会社の決算書に記載された利益金額をベースに「収益と益金の違い」と「費用と損金の違い」を「別表4」と呼ばれる明細書で調整することで行ないます。したがって、別表4は、いわば法人税のＰ／Ｌなのです。（→P.125）

[Q83] **D：A〜Cのすべて**
　解説：例えば、従業員に給与を支払っても源泉所得税は発生しますし、給与以外に税理士報酬や講演料にも課税されたりします。また、消費税の納税義務があるケースも十分に考えられます。税務担当者は、法人税だけを見ていると痛い目にあいます。（→P.126）

[Q84] **A：雑所得**
　解説：所得税法上、事業を始めるということで「不動産所得」「事業所得」「山林所得」が見込まれる場合は、青色申告制度を適用でき、税務上のメリットも期

待できます。（→P.127）

［Q85］ C：固定資産税
　解説：法人税等とは、「法・住・事（ほう・じゅう・じ）」と呼ばれるように法人税、住民税、事業税（法人三法）のことをいいます。詳しくは、法人税、地方法人税、法人住民税に加えて、事業税と特別法人事業税までを考慮し、実効税率は法人の所得に対して約30％となっています。（→P.130）

■ 6限目（問題はP.155～P.158）

［Q86］ B：仕入税額控除
　解説：2023年10月からのインボイスの導入でも、「仕入税額控除」できるか否かが問題になります。（→P.137）

［Q87］ B：届く場合＝4万円、届かない場合＝10万円
　解説：届く場合（インボイスあり）は10万円－6万円＝4万円になり、届かない場合（インボイスなし）は10万円－0万円＝10万円になります。（→P.137）

［Q88］ A：1,000万円
　解説：ちなみに、消費税が免除されている「免税事業者」は、何もしないとインボイス発行ができないので注意が必要です。（→P.138）

［Q89］ A：BtoB＝いる、BtoC＝いらない
　解説：基本的にBtoCで、相手が事業者でない場合、インボイスを求められることはありません。そもそも、消費税の納税義務者でなく、「インボイスはいらない」という反応がほとんどです。買主が誰かで、やるべき準備も変わってくるわけです。（→P.140）

［Q90］ D：売主自身＝免税事業者、相手の買主＝事業者
　解説：売主自身が免税事業者の場合、特に、取引先において「インボイスを求める買主がいないかどうか」チェックすることが重要になってきます。（→P.141）

［Q91］ D：A～Cのすべて
　解説：消費税法上、事業者は「国内において行なった課税資産の譲渡等につき消費税を納める義務がある」とし、その課税資産の譲渡とは「事業として対価を得て行なわれる資産の譲渡および貸付ならびに役務の提供のうち、非課税取引以外のものをいう」とされています。（→P.143）

［Q92］ C：酒類―8％
　解説：酒類には軽減税率が適用されず、10％となります。軽減税率制度とは、酒類・外食を除く飲食料品の譲渡と定期購読契約が締結された新聞の譲渡について、消費税率を8％にする取り扱いです。店内飲食とテイクアウトの区分について国税庁がガイドラインを示すなど、販売現場での混乱が見られました。

また、食玩（おまけ付きお菓子）も混乱した業界の１つです。（→P.144）

［Q93］　B：インボイスの「交付義務」

解説：適格請求書発行事業者は、取引先から要求されたときは、インボイスを交付することが義務づけられています。「適格請求書発行事業者登録制度」は、売主の「インボイスの交付義務」と買主の「仕入税額控除」の２つが当制度の内容になります。（→P.147）

［Q94］　B：2021年10月

解説：インボイスが導入された「2023年10月」の２年前から税務署で受付を開始しました。売主が、この登録をしないと、インボイスを発行できませんし、そもそも「免税事業者」である場合には登録できないしくみとなっています。

（→P.148）

［Q95］　D：任意

解説：選択する端数処理のルールは任意ですが、もちろん一度選択したルールは恣意的に変えることはできません。また、適格請求書（インボイス）の記載内容にも、登録番号の記載の他、税率ごとに合計額を記載する等のルールが設けられています。（→P.149）

［Q96］　C：仕入取引＝割戻方式、売上取引＝積上方式

解説：端数切捨て処理を行なっている場合、積上方式に比べて割戻方式で算出した税額が大きくなりますので、割戻方式は仕入税額の計算で有利、積上方式は売上税額の計算で有利になります。気になる方は、実際に数値で試してみましょう。（→P.150）

［Q97］　C：仕入取引＝割戻方式、売上取引＝積上方式

解説：端数切捨て処理を行なっている場合、割戻方式は仕入税額の計算で有利、積上方式は売上税額の計算で有利になります。しかし税務上、「おいしいところ取り」は認められないので注意が必要です。（→P.150）

［Q98］　D：A～Cのすべて

解説：ちなみに、「売主」の顧問税理士等の支援者である場合は「インボイスの強要」はＮＧでしょうが、「買主」の立場上は自身の利益の問題もあるので圧力交渉も十分考えられます。ただし、独占禁止法等に抵触しないように留意する必要があります。（→P.152）

［Q99］　D：A～Cのすべて

解説：簡易課税制度とは、実際の課税仕入れ等の税額を無視して、課税売上高から仕入税額控除を計算する方法です。この計算方法は、中小企業者の事務負担を軽減するための救済措置として設けられている制度です。（→P.153）

［Q100］　D：サービス業（第5種）―60％
　　解説：サービス業（第5種）の正しい仕入率は「50％」です。（→P.153）

［Q101］　B：20％
　　解説：2023年度の税制改正により、従来の免税事業者に対して一定の配慮がされま
　　　　　したが、他方で、消費税の実務が複雑になり、制度の「選択誤りのリスク」
　　　　　が高くなったといえます。選択を誤ると税理士には賠償責任が発生する可能
　　　　　性が考えられる、ということです。（→P.154）

■補講（問題はP.172〜P.173）

［Q102］　A：デジタイゼーション（Digitization）
　　解説：ちなみに、「デジタライゼーション（Digitalization）」は、その意味合いの幅
　　　　　は広く、「デジタル処理」を前提とした業務処理、データの利活用で、例え
　　　　　ば、請求書データをファイルに出力することなく、債権処理や財務処理に連
　　　　　動させることをいいます。（→P.161）

［Q103］　B：デジタライゼーション（Digitalization）
　　解説：「デジタイゼーション（Digitization）」は、DXとは直接関係はありません。
　　　　　例えば、ただ紙の請求書を「デジタル化」しているなど、単なる電子化しか
　　　　　していない場合は、「DXしている」とはいえません。（→P.161）

［Q104］　C：2024年1月
　　解説：2021年度の税制改正により、2022年1月1日以降に授受した電子取引データ
　　　　　の保存について、紙出力が認められない予定でした。しかし、実務上の大混
　　　　　乱が予想され、2022年度の税制改正により、2年間の宥恕措置が整備され、
　　　　　2年間延期になったわけです。よって、この2022年1月〜2023年12月の2年
　　　　　間の間に、改正電子帳簿保存法の対応準備が必須となりました。（→P.162）

［Q105］　C：電子取引
　　解説：他の「電子帳簿保存」と「スキャナ保存」の義務化はありません。（→P.163）

［Q106］　D：紙
　　解説：紙を媒介しない取引のみが「電子取引」に該当し、紙を媒介する場合は電子
　　　　　取引ではない、つまり「電子取引保存義務はない」ということです。
　　　　　　　　　　　　　　　　　　　　　　　　　　　　　　　　　　　（→P.164）

［Q107］　B：電子取引に該当しない
　　解説：代金決済を交通系ICカードで行なった場合でも、明細は紙で出てきて、コ
　　　　　ンビニの店員さんから渡されますので、電子取引には該当しません。この代
　　　　　金決済は「電子決済」と呼ばれますが、電子取引とは別の話です。（→P.165）

［Q108］　C：可視性の要件
　　解説：可視性の要件として、「誰もが確認できるデータか？」が求められています。
　　　　　　　　　　　　　　　　　　　　　　　　　　　　　　　　　　　（→P.166）

［Q109］　D：自社独自の事務処理規程を定め、その規程に沿った運用を行なう

　解説：A～Cはタイムスタンプ等の装置が必要で、システム導入による対応になります。システム導入によらない場合は、訂正・削除の防止に関する規程を作成する方法（規程作成）が考えられます。（→ P.167）

［Q110］　D：A～Cのすべて

　解説：また、可視性の要件は、実際の税務調査のときに電子取引文書（取引情報）を紙と同じように取り扱えるようにする要件であり、目視、検索、印刷できることがポイントになります。（→ P.167）

［Q111］　C：ペポル

　解説：「ペポル（Peppol）」と呼ばれる国際標準仕様で標準化されていれば、デジタルインボイスのやり取りができるということです。厳密には、日本向けは一部修正され「JP PINT」と呼ばれています。（→ P.168、P.170）

稲垣　啓（いながき　ひらく）

上場企業のメーカー経理部門に勤務しながら税理士・中小企業
診断士としても活動。1977年富山県生まれ。立命館大学経営学
部を中退（飛び級）し、同大学院法学研究科修了（民事法）。2011
年9月に中小企業診断士、2020年3月に税理士登録。

「稲垣経営研究所」の名で更新しているnoteが難解な税金・経営
分野を下手かわいいイラストでわかりやすく伝え、人気を集め
る。著書に『原価計算なるほど用語図鑑』（中央経済社）、『行政
書士・社労士・中小企業診断士　副業開業カタログ』（共著、中央
経済社）などがある。

イラストでサクッとわかる
日本一たのしい税金の授業

2024年3月20日　初版発行
2024年6月20日　第2刷発行

著　者　稲垣　啓　©H.Inagaki 2024
発行者　杉本淳一

発行所　株式
　　　　会社　日本実業出版社　東京都新宿区市谷本村町3−29 〒162-0845

　　　　編集部 ☎03-3268-5651
　　　　営業部 ☎03-3268-5161　　振替　00170-1-25349
　　　　　　　　　　　　　　　　　https://www.njg.co.jp/

印刷・製本／中央精版印刷

ISBN 978-4-534-06088-4　Printed in JAPAN

日本実業出版社の本

教養としての「税法」入門

税法の歴史や仕組み、考え方、税金の制度や種類などをまとめた本格的な入門書。税の基本的な原則を、大学で学習する学問的な内容までを豊富な事例を交えて丁寧に解説します。

木山 泰嗣
定価 1925円（税込）

教養としての「所得税法」入門

所得税のルールを定めた"所得税法"をマスターするための一冊。所得の概念や区分などの考え方、課税の仕組みを、重要な条文や判決例を豊富に引用しながら丁寧に解説します。

木山 泰嗣
定価 1980円（税込）

日本一やさしい
税法と税金の教科書

所得税、法人税、消費税、相続税、贈与税など、さまざまな税金の基本的な仕組みから、立法の背景、法的根拠、企業会計との考え方の違いまで、対話形式でわかりやすく解説します。

西中間 浩
定価 1980円（税込）

フリーランスがインボイスで
損をしない本

インボイスについて年収1000万円以下のフリーランス向けに、経理の初心者向けベストセラー本の著者が、税金に明るくない人でもさくさく読めるようにポイントを解説します。

原 尚美
定価 1540円（税込）